# o Executivo Consultor
*renasce uma empresa*

Copyright © 2013 Bernhard Walzberg
Todos os direitos reservados. Nenhuma parte deste livro poder ser reproduzida ou transmitida em qualquer forma ou por qualquer meio, eletrônico ou mecânico, incluindo fotocópia, gravação ou qualquer armazenamento de informação, e sistema de cópia, sem permissão escrita do editor.

Direção editorial: Júlia Bárány
Edição, preparação e revisão: Barany Editora
Projeto gráfico e diagramação: Emília Albano
Capa: Emília Albano
Imagem da capa: (c) iStockphoto/Cienpies Design

---

Dados Internacionais de Catalogação na Publicação (CIP)
(Câmara Brasileira do Livro, SP, Brasil)

Walzberg, Bernhard
O executivo consultor : renasce uma empresa / Bernhard Walzberg.
-- São Paulo : Barany Editora, 2013.
1. Consultores administrativos 2. Executivos 3. Liderança 4. Negócios
5. Organizações - Administração 6. Sucesso I. Título.

13-03198　　　　　　　　　　　　　　　　　　　CDD-658.4

Índice para Catálogo Sistemático:
1. Administração executiva 658.4

---

Todos os direitos desta edição reservados
à Barany Editora © 2013
São Paulo - SP - Brasil
contato@baranyeditora.com.br

www.baranyeditora.com.br
Livro para Ser Livre

# o Executivo Consultor
## renasce uma empresa

Bernhard Walzberg

São Paulo - 2013

# Índice

Introdução ............................................................................................................. 7

1  O estranho percurso da decisão ................................................................. 11

2  A logística Humana e a lona amarela ........................................................ 21

3  Um binóculo especial ainda não inventado ............................................... 35

4  Um retrato vivo e a cores (o primeiro Retiro) ............................................ 47

5  O melhor dos mestres, depois do Juarez ................................................... 69

6  A diferença entre um bando e um time ..................................................... 81

7  Entre atos, a greve ..................................................................................... 95

8  Uma visão completa do pensar, sentir e querer (o segundo Retiro) ....... 107

9  Dois passos para frente, um para trás ..................................................... 121

10 Os desafios chamados Missão e Visão (o terceiro Retiro) ...................... 139

11 A integração Vertical: o X da questão ..................................................... 157

12 A prova dos nove ..................................................................................... 171

13 Perguntar e ouvir, perguntar e ouvir ....................................................... 181

14 Uma bonança quase à vista ..................................................................... 193

15 Caminhos inesperados: um novo estilo de liderança .............................. 207

Agradecimentos ................................................................................................ 221

Índice dos gráficos ........................................................................................... 222

Bibliografia ....................................................................................................... 223

# Introdução

É nas organizações que se forjam as novas lideranças: Com um trabalho intenso de autodesenvolvimento e evolução, os novos líderes podem criar as condições para o desenvolvimento contínuo das pessoas. O desenvolvimento de organizações, comunidades e países é fortemente influenciado por duas fases da educação: Aquela que podemos chamar de educação formal, encerrada geralmente com a conclusão do Ensino Médio ou Ensino Superior. E a outra, que se pode chamar de Escola da Vida. Ela nos envolve em um aprendizado contínuo que pode ser estimulado pelas crises e pelos desafios, pelas pessoas que nos rodeiam e as oportunidades oferecidas pelas organizações em que atuamos.

Cada vez mais se torna evidente que o êxito das organizações depende das pessoas. A evolução contínua das pessoas em uma organização tem como resultado a evolução contínua desta organização e, de forma indireta, de todas as organizações a ela ligadas. Esta convicção gerou há algumas décadas o movimento de treinamento e desenvolvimento para colaboradores que vem sendo intensificado e aperfeiçoado nas melhores organizações que, em consequência, passaram a atrair os melhores talentos.

No passado, o "patrão" decidia o que tinha de ser feito. Os "capitães de indústria", empreendedores corajosos, com visão clara do futuro que queriam criar, davam a direção aos seus empreendimentos. Eventualmente, pessoas de confiança recebiam parte das funções e tarefas de maior importância. A massa dos "empregados e trabalhadores" executava as tarefas que lhe eram indicadas. As tarefas eram repetitivas, sem alegria e sem envolvimento. Em forma caricata, isto é tão bem apresentado no filme de Charlie Chaplin *Tempos Modernos*. O fim do expediente era o momento da libertação. Era o momento em que se voltava a "viver".

Nos anos 1980, e mais acentuadamente nos anos 1990, começou a grande transformação: O ser humano começou a ser considerado um recurso importante. Não só mão de obra que executa tarefas, mas "cérebro de obra", que utiliza sua inteligência e dedicação para o êxito da organização em que trabalha. Da disciplina passou-se à motivação e, mais recentemente, à identificação com a organização. O patrão transforma-se: empresas familiares ou multinacionais, organizações de todos os tipos e serviços públicos buscam o executivo, aquele que, por sua energia, conhecimento técnico e capacidade de decisão e, muitas vezes, de imposição, consegue resultados. Intuitivamente o executivo sabia envolver as pessoas, mas eventualmente partia para a liderança autocrática e a manipulação, buscando vencer resistências. A consequente perda de confiança alienava os melhores cérebros e criava novas resistências e a famosa "omissão inercial" (não faço nada, não me exponho, assim não erro).

Aos poucos se percebeu que o ser humano tem que participar com entusiasmo e alegria para que possa desenvolver seus potenciais mais elevados, crescendo para e com a organização. Em tempos de Ecologia, Sustentabilidade e Responsabilidade Social, já não basta o conhecimento técnico. Este é um fundamento imprescindível que tem de ser complementado com o conhecimento do ser humano. Um novo estilo de liderança passou a ser desenvolvido nas organizações que buscam o sucesso não só imediato, mas também de longo prazo: O da Liderança Facilitadora, Servidora, que apoia sua equipe na consecução dos resultados, que se sente parte da equipe, sem abdicar de suas responsabilidades. É um novo patamar de consciência do líder que abre as portas para o florescimento de potenciais, talentos e habilidades. O executivo, não mais no papel de exigir resultados, de impor soluções, de supervisionar tarefas, mas como um consultor, ajuda sua equipe a contribuir para os objetivos maiores da organização, a definir e cumprir suas responsabilidades. Esta nova forma de liderar requer um desenvolvimento interior consciente não só do executivo e dos líderes de todos os níveis de uma organização. Também os liderados têm que encontrar uma nova atitude, um novo senso de responsabilidade, uma visão mais ampla de suas funções, percebendo-as como parte integrante de um processo que procura atender uma demanda da comunidade.

O autor tem consciência que o conhecimento técnico e a experiência profissional são condições imprescindíveis para a liderança. No entanto, o que se procura demonstrar neste livro é que o conhecimento do ser humano, o respeito pelo mesmo, seu envolvimento e integração nos objetivos maiores da organização, complementam a arte da liderança e dão o equilíbrio necessário para o sucesso.

# 1

# O curioso percurso da decisão

> *Onde os meus talentos e paixões encontram as necessidades do mundo, lá está o meu lugar.*
> **Aristóteles**

É, o balanço é positivo. Mas, depois de dois anos, é surpreendente olhar para trás e perceber que jamais eu poderia imaginar o desenrolar dos acontecimentos. De fato, o processo foi uma sequência de desafios, muitas vezes imprevisíveis, exigindo não só minha total dedicação, mas profundas mudanças de atitude. Inicialmente me parecia que os problemas eram mais de ordem técnica, nada que o meu conhecimento e experiência não pudessem resolver. Lembro-me daquele primeiro dia em que me encontrei com os acionistas e o Presidente do Conselho, ainda cheio de entusiasmo pelo intrigante desafio que se colocava diante de mim. A organização precisava de alguém com a "clássica" habilidade de um cirurgião, capaz de intervir no ponto certo e agir com leveza e precisão para não deixar sequelas. O momento era dos mais delicados. A empresa havia registrado uma queda de quarenta por cento nas vendas e, pela primeira vez em trinta anos, estava gerando resultados negativos. Tudo isto como consequência, sem dúvida, da crise econômica mundial. No entanto, a percepção dos acionistas era que o estilo de liderança do meu antecessor havia aprofundado a crise. Era um executivo de muito talento para a implementação de processos, mas desprovido de sensibilidade no trato com as pessoas, o que o impedia de aglutinar as energias da equipe, de maneira a lançar mão de todo o potencial de seus colaboradores. Relacionamento humano não era o seu forte, os acionistas haviam deixado bastante claro. E aos poucos foram desfiando todo o rosário de atividades e rotinas que eles viam como necessárias para empreender as mudanças capazes de voltar a gerar resultados positivos: Reduzir o pessoal para enxugar os custos; melhorar a relação com os fornecedores que haviam sido encorajados a ampliar sua produção e agora precisavam reduzi-la drasticamente; readequar a logística decorrente desses novos tempos e ainda criar um ambiente de trabalho que envolvesse as lideranças. O principal desafio era a formação de equipes em todos os níveis, em substituição aos conceitos de meu predecessor que tinha como princípio que resultados se obtêm apesar das pessoas, não com elas. Sim, minha missão era não apenas segurar a empresa nos trilhos e estancar a sangria financeira, mas também implantar um novo processo participativo na unidade fabril que tinha dois mil e quinhentos funcionários e não contabilizava nenhum registro de dificuldades semelhantes em toda a sua história.

Nada mal para quem vinha de uma realidade completamente diversa e bastante mais simples, na medida em que exigia pouca ou quase nenhuma intervenção para continuar evoluindo sem a necessidade de ações mais agressivas. Da mesa de CEO que eu ocupava, na empresa em São Paulo, eu tinha uma ampla visão de toda a organização. Há alguns anos eu havia implantado, junto com minha equipe de liderança, uma série de processos que a tornaram competitiva e destacada em seu setor. O seu desempenho, é verdade, havia se estabilizado num movimento lento de crescimento. A minha família ia muito bem: os filhos no colégio, a mulher entretida com o seu próprio desafio que consistia em gerenciar grandes projetos para uma ONG de proteção à criança e adolescência, função que exercia com pouca remuneração, mas grande entusiasmo e altruísmo. Não havia do que reclamar, a não ser pelo fato de que eu tinha a sensação de não mais estar me movendo. E sem que eu me desse conta, uma decisão interior de mudança já estava em curso. Percebi que o processo era irreversível. Quando tomamos uma decisão dessa natureza – ainda que ela ocorra em algum nível interior, de forma não consciente –, não é possível recuar, caso contrário, a tendência é de frustração e depressão.

Era aí que eu me encontrava quando chamei um *headhunter* para levantar a poeira. Rapidamente entrei numa rotina de entrevistas com essa empresa de autopeças, atuante em todo o território nacional e uma das mais importantes em seu segmento. Ao que tudo indica, eu tinha grandes chances de chegar ao estágio final. A todo instante era chamado para mais uma entrevista, um teste, uma conversa. Perto do final do segundo mês, entretanto, um silêncio inesperado parecia indicar que não haveria continuidade do processo. Achava mesmo que já havia sido descartado da seleção quando, vinte dias após o último contato, fui convocado para uma conversa final com o Presidente do Conselho de acionistas.

– Nós o chamamos aqui hoje Roberto, para lhe comunicar que o senhor foi escolhido para a função de CEO de nossa unidade fabril em Minas. Gostaríamos de lhe desejar as boas-vindas e de resumir algumas das principais expectativas em relação à sua colaboração e qual o ambiente que o senhor encontrará por lá. Nos nossos muitos anos de existência, nunca enfrentamos uma crise dessa magnitude. Acreditamos que a essas alturas o senhor já deve ter conhecimento de nosso sólido passado. Além disso, essa unidade nos é muito cara não apenas por sua alta produtividade e especialização, mas também por estar localizada num ponto estratégico de escoamento da distribuição para o restante do País. E podemos dizer que ela está estagnada em todos os sentidos. Não está gerando nem mesmo os resultados limitados que se poderia esperar nesta situação de crise. Daí porque a sua missão será evitar que ela sofra ainda mais perdas, obviamente atingir o *breakeven* em curto prazo, e fazê-la voltar a um nível satisfatório de lucratividade nos próximos dois anos. A unidade deverá abrigar um projeto piloto, baseado num trabalho mais participativo entre a liderança e suas equipes, o que implicará também uma mudança de cultura empresarial.

Não senti nenhum choque. Reestruturações e guinadas radicais de rumo não me assustavam, isto é, se estivermos falando de processos transparentes, envolvendo a maioria dos colaboradores e lideranças, desses que havíamos implantado na empresa que eu dirigia; em resumo, familiares. É verdade que transformações radicais me atraíam, novo começo, idem; e neste caso ainda senti uma estranha afinidade com a situação, visto que, assim como a empresa, eu também estava estagnado. Mas reconstruir o ambiente de relacionamento interno envolvendo centenas de pessoas e, ao mesmo tempo, corrigir os desequilíbrios financeiros era um pouco temeroso. Depois de quase três meses nesse exaustivo processo de seleção, me surgiram profundas dúvidas, não apenas com as perspectivas que se apresentavam, mas também com o que elas trariam em termos práticos para a minha vida pessoal. Eu me sentia agora bastante inseguro. As dúvidas irromperam: devo arriscar a minha carreira consolidada? Devo forçar uma mudança para outro Estado, tirar a minha família do local em que ela está muito bem assentada, os meus dois filhos da escola, a minha mulher de sua satisfação profissional? Jogo-me nesse mar agitado ainda sem horizontes? Haverá recompensas? O que vou ganhar com isso, em termos de aprendizado de vida?

Por outro lado, não havia do que reclamar. Não era o que procurava? Sempre trabalhei bem sob pressão, e me instigava muito a ótima oportunidade de aplicar na realidade de uma empresa bem maior tudo o que vinha acumulando em termos de conhecimento e experiência. Adicionalmente, o pacote de remuneração e benefícios era bem acima da minha situação atual.

Era, de fato, "a" oportunidade da minha vida. E eu não estava disposto a abrir mão de desenvolver e aplicar todo esse meu arsenal de experiência acumulado. Minha mulher há muito me cobrava mais animação, dizia que eu andava meio depressivo e que isso chegava a contaminar o ambiente familiar.

- Você precisa fazer algo a respeito -, costumava repetir, - mudar de ares, procurar novos desafios.

Mas será que ela tinha noção de que isso a envolvia também? Será que ela se dava conta de que todos nós deveríamos fazer esse movimento juntos?

## Resistências

As mudanças geram resistências de diferentes naturezas. Foi esse o primeiro pensamento que me ocorreu quando fui apresentado formalmente para a minha nova equipe de trabalho. Havia passado uma semana com o meu antecessor, o Maurício, período no qual ele me relatou com informações detalhadas, de deixar qualquer detetive satisfeito, como as coisas haviam chegado àquele ponto. Suas explicações fartas abordaram todos os processos que ele havia implantado para tornar a empresa mais competitiva e eficaz, dentro dos novos parâmetros exigidos nesse mercado. Fiquei sabendo que antes e durante os primeiros anos da sua gestão, que chegava ao quinto ano, a unidade fabril funcionava embalada pelo aquecimento do setor, provavelmente porque os pedidos continuavam a chegar, os funcionários a produzir e a turma de vendas a vender. Na opinião do Maurício: antes dele, "o caos". Depois dele, "a ordem, a clareza, a disciplina, a obediência". Fez uma longa explanação sobre a implantação de manuais e controles de processos em cada área da empresa. Mas em nenhum momento mencionou que tivesse envolvido as pessoas em algum ponto da implantação destas mudanças e nos novos processos implantados na sua gestão. Comecei a entender os acionistas. E a perceber o clima de total insegurança e incerteza que se havia criado.

Um pouco antes da cerimônia na qual me foi passado o bastão, cerimônia essa que contou com a presença de cerca de trinta dos principais líderes, Maurício não escondeu o que para mim soou como preconceito. Ele me disse: – Aqui o que prevalece é a cultura da indefinição. Eu se fosse você não iria mexer profundamente em nada. Sabe por quê? Porque queira você ou não, estamos inseridos numa área onde a cultura regional diz: 'deixa como está, para ver como fica'. Não há como modificar anos de história e de hábitos arraigados onde todos parecem agir nem a favor, nem contra –. Maurício achava que o culpado pelos maus resultados sempre era a inércia ou a cultura local, – o que dá no mesmo –, sentenciou. Não à toa, ele estava sendo transferido para outra unidade de nossa empresa, muito menor, onde a necessidade de implantar processos se tornara a demanda mais premente.

Depois da formalidade necessária, em que fui apresentado e Maurício se despediu, decidi resumir a que tinha vindo ao meu seleto público. Em poucas palavras, procurei sensibilizar os integrantes da minha nova equipe com relação aos desafios que deveríamos enfrentar juntos dali para frente: desenvolver e implantar uma maneira satisfatória de contornar as situações mais prementes, como a redução de uma quinta parte do pessoal e da redução das entregas por parte dos nossos fornecedores. Estes haviam sido estimulados ao longo dos últimos anos a se adequarem a uma entrega cada vez maior e mais especializada. Bati na tecla da gestão participativa, da necessidade de jogarmos às claras com o objetivo de nos unirmos num momento tão delicado como esse. Procurei mostrar que, embora tenha vindo de uma empresa razoavelmente estruturada e moderna, sem grandes sobressaltos em seu percurso, estava pronto a assumir a tarefa monumental que se colocava à frente. Fiz questão de frisar que o meu estilo era ao mesmo tempo amigável e assertivo, já que não deixava margens para indecisões ou transferência de responsabilidades. Mas que, acima de tudo, iria buscar ouvi-los para que juntos pudéssemos compartilhar os problemas para chegar a soluções mais objetivas. Olhei à volta e não senti um eco sequer. Nenhuma ressonância, nem um olhar de entendimento ou concordância. Isso tudo ocorreu numa sexta-feira. Fui embora para o meu fim de semana com a incômoda sensação de que não havia conseguido me comunicar com a equipe. Mas apesar disso tudo, a lembrança, já longínqua, é de que esse dia foi razoavelmente pacato, um dia em que ainda parecia ter tudo sob controle. A partir desta reunião, nos meses seguintes, comecei a me perder, dentro da organização, na minha casa, e de mim mesmo.

Na primeira semana de trabalho me dediquei a apreender uma rotina muito diferente, com um ritmo bastante diverso daquela correria a que estava acostumado. Em São Paulo tem-se a impressão de que às vezes corremos pelo simples fato de não sabermos fazer de outra forma. No meu novo ambiente, essa pressa parecia estar totalmente fora do lugar, a não ser pela urgência dos problemas que teimavam em me acelerar. Com a ajuda de

Sonia minha secretária, ágil, proativa e esperta, a pessoa adequada ao que o contexto exigia – e por que não dizer com talentos de sobra para a realidade anterior –, consegui entender rapidamente como as coisas funcionavam e definir atividades semanais de interação com minha equipe – todas com o intuito de entender onde estavam os gargalos e separar o joio do trigo, ou seja, descobrir quem estava disposto a colaborar e quem eram as pessoas que estavam comprometidas com o imobilismo. Instituí reuniões individuais quase que diárias com os Diretores de cada área e abri a agenda. Perdi a conta de quantas reuniões tive que convocar. A equipe executiva é composta de três diretores, mais 12 gerentes de primeira linha e outros 31 gerentes que se reportam a esse nível gerencial, num total de 46 profissionais, os quais, com raras exceções, começaram e foram criados na cultura do "deixa assim que é melhor".

Da empresa onde eu trabalhava antes havia trazido George, como diretor de Administração e Finanças que era responsável também pelos Recursos Humanos, alguém em quem eu podia confiar, como o tempo iria confirmar e que, sem dúvidas, estava me apoiando, e muito, no processo de adaptação a estes novos tempos da minha vida profissional. Parte da minha negociação com os acionistas havia sido trazê-lo comigo. É evidente que este fato fez com que os outros dois Diretores tivessem certa desconfiança em relação ao George. Na primeira semana, ao conhecer mais de perto o diretor de produção Marlos e o Nilton, de marketing e vendas, me dei conta que George ganharia um papel extra na sua descrição de funções, o de ponta-de-lança no desenvolvimento de estratégias cruciais para as mudanças que eu pensava em empreender. Incomodava-me muito o fato de Marlos e Nilton, como diretores, não perceberem a necessidade de mudanças: comportavam-se como se aquela cultura estivesse incrustada neles, atuando para impedir qualquer tipo de mudança, seja lá qual fosse.

## Demissões

Uma das tarefas mais espinhosas que deveria ser desencadeada o quanto antes, era a demissão de cerca de quinhentos funcionários. Pedi a George que chamasse o gerente de RH que se encontrava na empresa há cerca de trinta anos para uma primeira conversa sobre o tema. Perguntei se ele já havia preparado uma análise quanto à melhor forma de enfrentar a situação e se já tinha levantado critérios que pudessem nos auxiliar.

– Isso implicaria em conversar com uma série de pessoas o que iria causar um mal-estar na organização e prejudicar a minha imagem –, afirmou, dando a entender que não tinha a intenção de expor-se dando a sua cara para bater. Ele não disse isso com essas palavras, é claro, mas estava subentendido.

– Não se trata disso –, respondi. Antes de tudo, que tal definir um pacote de benefícios para os que serão demitidos? Depois, gostaria que você listasse os critérios pelos quais julga que deveríamos fazer as demissões. Por exemplo, você poderia fazer um primeiro contato com os líderes das áreas explicando que logicamente devem ser mantidos os que são importantes em seus cargos, independentemente do fato de que estejam ou não próximos de suas aposentadorias. Podemos começar a nossa seleção pelos que já estão insatisfeitos e não veem motivos para continuarem conosco e que eventualmente aceitariam ser os primeiros a deixarem a empresa e receberem um pacote de benefícios. Como vamos distribuir os quinhentos demitidos? Temos que pensar na Produção, na Engenharia, na Logística, nas Compras, na Administração, enfim, em todos os departamentos. Os responsáveis por cada área devem dar suas sugestões.

– Sim, senhor.

– Gostaria que nos reuníssemos em três dias novamente para trabalhar sobre as suas sugestões e detalhar o plano.

Esse é o exemplo de um diálogo, se é que podemos chamá-lo assim, que se repetiu em quase todas as áreas, com pequenas variações nas desculpas e justificativas, que eu jamais havia pensado possíveis num ambiente profissional. No caso específico das demissões, Valdomiro – esse era o nome do gerente de RH – confessou na reunião seguinte, quase sem constrangimento, que havia encontrado mil e um empecilhos para a definição dos critérios e que não tinha conseguido avançar na elaboração de um plano. Debrucei-me então sobre a questão e, ao final de cinquenta minutos, concluímos o plano ao qual ele havia dedicado três dias inteiros, sem sucesso. Foi a primeira vez que me deparei com alguma coisa semelhante: estava ele envolvido demais com a empresa e seus integrantes, e isso teria um preço emocional, ou realmente não fazia a menor ideia do que era o profissionalismo?

Os dias que se seguiram me amargaram ainda mais. Os números financeiros não colaboravam e as entregas dos fornecedores continuavam a abarrotar o nosso estoque. Eles continuavam a fornecer de acordo com nossos pedidos originais, que há muito deveriam ter sido revisados. Adicionalmente, um dos nossos principais clientes, uma montadora multinacional, havia cancelado um enorme pedido. Como bem me alertou o meu antecessor, eu ainda iria ter saudades de tudo o que já vivi profissionalmente, por pior que tenha sido o desfecho. Aqui, o que eu vinha encontrando era um completo descaso; parecia que os problemas não diziam respeito aos funcionários, eles não demonstravam qualquer reação ou expressão em suas fisionomias. Ocorreu-me a ideia de dar uma instrução direta: suspendam imediatamente as entregas de nossos fornecedores e só vamos receber o que é imprescindível para os pedidos que temos em carteira. Mas assim eu estaria assumindo o problema. Não era certamente este o caminho que nos levaria a delegar responsabilidades.

## Ambiente de confiança para estimular criatividade

Apressei-me então a chamar os meus líderes para uma reunião maior, na qual reforcei meus objetivos. Ressaltei a necessidade de construir um ambiente mais humano e envolvente que devolvesse a todos a criatividade e confiança necessárias à realização de objetivos em conjunto, ao mesmo tempo em que criaríamos um terreno propício para o desenvolvimento de uma liderança participativa. Novamente fiquei com a sensação de estar falando com as paredes e de que havia ido parar numa empresa amorfa, sem iniciativa, com profissionais alheios, nessas alturas, a qualquer coisa. De repente, fiquei arrepiado. Veio-me à cabeça a imagem de um navio fantasma: a organização se encontra à deriva e, o que é pior, continua a singrar o oceano sem ter aparentemente qualquer pessoa viva a bordo.

 *MEUS PENSAMENTOS*

*Transmitir minhas ideias parece não estar dando resultado. Preciso encontrar outra maneira de me comunicar.*

*Em um ambiente de passividade é mais fácil achar desculpas do que resolver problemas.*

# 2

# A Logística Humana e a lona amarela

> *Se não estamos de acordo sobre os princípios básicos, torna-se sem sentido fazermos planos em conjunto.*
> **Confúcio**

O ponto crucial da logística é o timing. O conceito do 'just in time', fundamental no segmento de autopeças - integrado na gestão por processos Lean, estabelece que as diversas peças devem estar no local certo, na hora certa para que a produção mantenha seu ritmo. Os fornecedores devem estar envolvidos, de forma a garantir entregas adequadas à necessidade de produção. A sequência de movimentos exatos de materiais e pessoas assegura eficiência, qualidade e produtividade das diversas linhas de produção e montagem. Se essas peças não estão lá no instante em que deveriam estar, a fabricação não acontece e a produtividade é prejudicada. Outro ponto importante é que o fornecimento de peças para a linha deve fluir no ritmo da produção, não permitindo a formação de estoques em qualquer estação de trabalho. A partir deste conceito, ficou evidente que um de nossos muitos problemas é a logística, pois havia detectado que os estoques de peças entregues pelos nossos fornecedores acima de nossas necessidades acumulavam-se no pátio, sob uma lona improvisada, sujeitas às intempéries. Mas também entendi que meu pessoal não se comunicava entre si, falava línguas diferentes, agia mecanicamente sem a menor sincronia entre as áreas, as atividades ou as decisões, numa evidente falta de integração. Convoquei George para uma reunião de emergência.

Quando ele veio se reunir comigo, sua preocupação era idêntica. Havia acabado de flagrar uma conversa entre Marlos e Nilton, os outros dois executivos da linha de frente e ficara perplexo. Eles haviam dito com todas as letras para George que a conjuntura da crise não deveria ser um motivo para se alarmarem. Apregoavam que ali as mudanças tinham seu próprio ritmo e que não haveria nada que pudesse mudar isso. – Tudo aqui acontece a seu próprio tempo –, disseram quase em uníssono, para espanto de George. – As soluções vêm, não precisa nem se preocupar –. E concluíram, – não vai adiantar o Roberto querer acelerar o processo.

Inicialmente ele omitiu esse diálogo para mim quando começamos a discutir por onde começar. Depois, no entanto sentiu que deveria informar-me. George havia ligado todas as suas antenas. Enquanto eu apurava números e realizava reuniões formais com cada um que julgava pertinente, ele saía a campo para sondar o clima da organização. Em sua opinião, Marlos era uma pessoa pouco transparente, que se movimentava bem, mas era sempre encontrado conversando com um gerente ou com outro subordinado, meio ao pé do ouvido. Um pouco acima do peso e de estatura mediana, sua linguagem era bastante coloquial. Parecia estar sempre em busca de aprovação de colegas e subordinados sem, no entanto dispor-se a ouvi-los realmente. Gostava de usar roupas esportivas, como que demonstrando sua informalidade. Não era um sujeito que se pudesse considerar polido; tinha-se a impressão que bastaria uma oportunidade para que ele cometesse um deslize no seu relacionamento. Mas segundo George, ele era considerado alguém que exigia apenas na medida do necessário, nunca mais, nunca menos, quase como se procurasse não se desgastar muito. Já Nilton, era um pouco mais 'esquentado'. Comunicativo, homem de ideias, tinha um rosto simpático, feições agradáveis. De estatura mediana, porte esportivo e contato amistoso, sua sociabilidade era bastante conhecida. Era apreciado por clientes e subordinados. Não tinha dúvidas em entregar tarefas complicadas e desafiadoras à sua equipe que, no entanto, muitas vezes não eram cobradas; ele "não queria perder tempo com detalhes". Há dez anos na função de

Diretor de Marketing e Vendas, Nilton via a si mesmo como a mola mestra da organização: - Sem a atividade de Vendas e Marketing, esta empresa deixaria de existir!

Procurei olhar para o George de forma objetiva: Um homem experimentado em funções de liderança em sua área de finanças e administração mantinha, no entanto a mente aberta para as necessidades da organização como um todo. Tinha uma estatura alta e era bastante esbelto. Conquistava as pessoas por sua atitude sempre conciliadora, apesar de que às vezes utilizava os números como único argumento, o que gerava reações negativas.

- Estou preocupado -, disse George. - Como você mesmo vem presenciando, as coisas não estão evoluindo como deveriam. As pessoas não participam, não há meios de fazer com que se envolvam e, ainda por cima, os problemas são muito maiores do que imaginava. O que você me diz? Os sintomas são evidentes, mas quais são as verdadeiras causas?

- Creio que estamos diante de questões cuja real extensão ainda não ficou clara para nós. Você sabe, nestas primeiras semanas andei conversando com todos os líderes formal e informalmente e fiquei com a forte impressão de que não apenas a cultura criada nesta organização os imobiliza, mas ela também os deixa alienados na medida em que eles não conseguem "realizar" as consequências da crise em seu cotidiano. Eles não têm a menor noção de onde se encontra a empresa quanto ao mercado e à atual conjuntura. E para piorar o cenário, não conseguem resolver o aqui e o agora, que dirá vislumbrar as consequências a médio e longo prazo das decisões que não estão tomando.

- Sinto que se não tomarmos as rédeas agora, as coisas tendem a se complicar ainda mais num curto espaço de tempo. Precisamos dar essa virada já para começar a melhorar os resultados. Mas seria preciso um choque ou algo assim para tirar essas pessoas desta aparente letargia? O que você sugere?

- Em primeiro lugar -, propõe George, - precisamos mapear todos os problemas. Eles são muitos e precisamos estabelecer uma ordem de prioridade. Temos que tratar das demissões, questão mais do que premente.

Quanto ao problema da logística, não consegui defini-lo totalmente, só sei que as peças estão se acumulando. Estou acompanhando com atenção os problemas financeiros que você já levantou e outros que começam a surgir como uma ponta de iceberg, mas ainda não senti qual a sua amplitude. Enfim, também já começo a perder o sono.

– Deixe comigo, por enquanto, as demissões. Já fizemos um primeiro esboço, Valdomiro e eu, como você sabe, de como as coisas deverão ocorrer na prática, e vamos nos reunir novamente para bater o martelo, entre hoje e amanhã. Eu gostaria que você participasse dessa reunião. Acho, porém, que, independente disso, o ideal será ouvir cada área de maneira mais profunda. Vou pedir à Sonia que providencie reuniões para nós com cada uma das áreas nos próximos dias. Ah, sim, vou pedir ao Marlos da Produção que avalie com sua equipe o que podemos fazer para impedir que os materiais depositados sob a lona no pátio se avolumem ainda mais.

Enquanto as reuniões para tirar esses Raios-X dos diversos departamentos estavam sendo preparadas, eu procurei me concentrar nas demissões. O plano era obviamente causar o menor impacto possível, evitando a perda de talentos e motivando aqueles que de fato tivessem interesse em contribuir para os resultados da empresa e para os projetos que deveriam ser empreendidos. Não havia outro jeito. Convocamos o sindicato e, depois de esboçar alguma resistência, para minha surpresa, seus representantes foram colaborativos. Chamamos também os diversos lideres das áreas de Engenharia, Administração, Produção, Vendas e Marketing, que poderiam indicar os colaboradores que de alguma forma estavam insatisfeitos, gostariam de se aposentar ou os que eram solteiros e não sentiriam tanto a demissão quanto os chefes de família. Um critério decisivo era manter na empresa as pessoas realmente qualificadas e motivadas. Foi um exercício esquisito, é a única palavra que me vem à cabeça. O tempo todo ao meu lado, Valdomiro agia como se quisesse defender o status quo e a cada sugestão que eu fazia, buscava um argumento para não demitir essa ou aquela pessoa. Não conseguia ver o quadro todo: 20% dos funcionários deveriam deixar a empresa e ele se agarrava nos detalhes individuais que tornavam cada um não "demissível". A questão não era emocional; a sua preocupação não era tanto com os funcionários; era com ele mesmo. Para mim era uma tentativa de congelar o momento, prevendo intuitivamente que o que estava por vir iria contra tudo o que já havia vivenciado em seus trinta anos de empresa. Ele tinha cinquenta e quatro e havia trilhado sua carreira nesta única organização, praticamente; ou seja, exatamente onde o meu desafio era desenvolver uma nova cultura capaz de sustentar uma nova etapa de sua história.

Os abalos causados pelas demissões foram menores do que temíamos. Para os colaboradores havia ficado evidente que, com o volume atual de produção, não se justificava o número de empregados. Adotamos um sistema único de comunicação e resolvemos as demissões num só dia, entregando os pacotes de benefícios combinados previamente. Era uma forma de reduzir os estragos causados por eventuais boatos de que as demissões continuariam o que poderia provocar danos bem maiores. A despeito de todos os cuidados tomados, houve um período de insegurança em que era difícil vislumbrar os desdobramentos. No meio desse caos George apareceu com mais surpresas.

– Aquela lona no pátio é mesmo apenas a ponta o iceberg –, disse. – Ali estão sendo misturadas peças já submetidas à inspeção com outras que ainda não passaram pelo controle de qualidade. Os supervisores dos estoques se queixam que é muito difícil encontrar as peças solicitadas pela Produção. Nossos fornecedores continuam a entregar. Nenhum de nossos líderes tomou qualquer providência. Além disso, continuamos a pegar dinheiro com os bancos para pagar os nossos fornecedores e as despesas financeiras vêm subindo continuamente.

– Você está dizendo que nada foi feito para reestruturar o recebimento de peças de acordo com a produção, nesse momento de crise?

– Sim. Eles continuam vivendo como se nada estivesse acontecendo.

– Vou convocar uma nova reunião com os principais líderes. Isso não pode continuar assim.

Eu não imaginava que teria que colocar os pingos nos "i"s tão cedo. Percebi que George, homem em quem eu confiava plenamente, e que já estava comigo há pelo menos dez anos, não iria facilmente dar conta dessa tarefa hercúlea, ainda que ele parecesse perfeito para as funções de negociador.

Um pouco mais baixo do que eu, de fisionomia não legível facilmente, firme, profissional de primeira, sabia exatamente o que dizer e como fazer. Sua formação em administração e doutorado nos Estados Unidos, no entanto, começava a deixá-lo um pouco fora do prumo; eu desconfiava que ele talvez fosse sofisticado demais para essa cultura anacrônica. Chamei os diretores e suas equipes diretas e comecei pedindo explicações. Não podia deixar que a crise na organização continuasse se acentuando. E, ao mesmo tempo, precisava enfatizar a minha maneira de liderar e mostrar que as coisas deveriam mudar a partir de agora. Não é preciso mencionar que isso estava bem distante do dia a dia deles.

– Eu chamei os diretores das três áreas porque gostaria de dar uma visão do todo para vocês. Mas eu não vou falar. Vou dar a palavra a cada um de vocês. Quero que vocês ouçam o relato uns dos outros e, ao final, vou querer sugestões de todos para o que está ocorrendo, de forma a corrigir nossos problemas atuais o quanto antes.

Foi com esse prelúdio que demos início à reunião mais rápida e mais impactante que já havia tido em toda a minha carreira. Em meia hora de explanações, fui informado da extensão dos problemas. O gerente financeiro Marcos nos avisa que os bancos estão ávidos por aumentar os empréstimos, que já estão para lá de elevados. Explica que o momento é de crise e que eles também estão sofrendo as consequências disso. Diz que já não temos caixa, porque estamos tendo as enormes despesas com as demissões. Também continuamos a investir nas compras de peças que não estão sendo utilizadas, devido à queda de vendas. O Ronaldo da logística alega que apenas alertou os fornecedores de que haveria uma redução nos pedidos da programação anual de fornecimento. Antes de definir exatamente quais as peças que teriam seus pedidos cancelados, ele dependia de informações de Vendas. Também expos que ele ainda não sabe como suspender as entregas, pois isto teria um grande impacto na situação dos fornecedores. Além disso, não saberia mesmo o que dizer para eles, pois não tinha uma relação atualizada de que peças deveriam ter suas entregas suspensas. Julgou por bem comentar que, em sua opinião, a solução surgiria mais para frente, conforme o desenrolar dos fatos. E garantiu que desconhecia o cancelamento dos pedidos por parte das montadoras.

– Pelo que estou entendendo, vocês estão alheios ao que vem ocorrendo com a nossa empresa e no mercado. Não sabiam que, quando a crise chega nesse ponto, a primeira coisa que ocorre é as montadoras cancelarem suas encomendas? Na prática, algumas já estão pedindo que não façamos nenhuma entrega por enquanto e não quarenta por cento menos como nos haviam informado antes. É isso mesmo. Elas diminuem sua produção e em consequência buscam não comprar nada até baixar o estoque das peças que já receberam. É assim, ao que tudo indica, que os nossos inventários vêm crescendo. A consequência é que somos obrigados a pegar dinheiro para sustentar essa situação inaceitável. Aceito sugestões óbvias ou não óbvias de como romper com isso e que alguém se encarregue de suspender as entregas excedentes imediatamente.

O que veio em seguida foi previsível. Eles passaram a discutir entre si falando todos ao mesmo tempo e procurando se justificar individualmente, a fim de eximirem-se de culpa diante das situações apontadas. Como num filme, eu passei a ouvi-los com uma distância cada vez maior e não pude me furtar aos pensamentos que me levaram para uma conclusão desalentadora: eles buscam se isentar de qualquer responsabilidade ao invés de arregaçarem as mangas para encontrar soluções. Definitivamente, não seria assim que resolveríamos os nossos problemas.

– Meus caros, não estamos aqui para piorar o clima entre nós ou para achar um culpado. Vamos manter a calma e partir para atacar os problemas, não as pessoas. Assim sendo, eu conto com vocês para me ajudarem a pensar de que forma poderemos equacionar juntos todos esses problemas –, intervenho, interrompendo a discussão. – Gostaria de entender particularmente como o problema da logística chegou nesse ponto. Marlos, por favor, comece você me contando o que ocorreu.

– Ao longo dos últimos anos, desenvolvemos uma relação de confiança com os nossos fornecedores. Muitos tiveram que ser treinados por nós para conseguir atender às nossas necessidades. A maioria é constituída de pequenas empresas que dependem de nossos pedidos para sobreviver. Não podemos de uma hora para outra simplesmente dizer a eles que não poderão entregar mais produtos. O risco de falirem é muito grande. Os contratos são anuais e temos que honrar os nossos compromissos e, antes de mais nada, preciso saber quantidades e tipos de peças que não devem mais ser entregues –, argumentou ele.

Retruco informando que as montadoras estão suspendendo ou reduzindo seus pedidos que também cumpriam uma programação anual e que isso deve ser repassado a toda a nossa cadeia de fornecedores.

– Sim, mas se perdermos os nossos fornecedores, como vamos fazer no futuro?

Pergunto então o que foi conversado com eles no sentido de contornar o problema e Marlos admite que nada foi feito nesse sentido, exceto um aviso de que provavelmente estaríamos reduzindo as compras num futuro breve.

– Continuamos recebendo integralmente os pedidos.

– George, por favor, explique a eles o que isso significa em termos financeiros.

– A questão é que, com relação ao nosso faturamento em queda, os estoques estão excessivos. Em realidade, com o processo Lean, praticamente não deveríamos ter nenhum estoque, já que os fornecimentos nas entregas "just in time" deveriam estar sendo entregues no ritmo da produção. O acúmulo de inventários quer dizer prejuízo na certa. Todo o nosso capital de giro está sendo absorvido para pagar produtos que não vamos precisar nos próximos meses.

Marlos insiste:

– Não podemos entender isso dessa forma. Nós ainda iremos precisar disso num futuro próximo.

Perco a paciência. Digo a ele que não haverá futuro se não solucionarmos o aqui e o agora. E parto para inquirir os motivos disso tudo.

– Deixe-me entender. Como vêm sendo feito o controle de qualidade dessas peças?

– Não é tão grave porque essas peças ainda não foram verificadas –, responde Marlos.

– Mas ficamos sabendo que as peças ali estão misturadas. E ainda por cima, sujeitas às intempéries, já que a lona que vocês inventaram não é capaz de protegê-las devidamente. Na hora de mandar para as linhas de produção, como é que vocês têm feito?

– Quando recebemos o pedido da fábrica, encaminhamos as peças já verificadas.

– Recebem o pedido? Como assim? Vocês não deveriam estar fornecendo normalmente no ritmo que a produção pede, ainda que esse ritmo esteja fora de previsto?

– Estamos com uma pequena demora por causa do local em que parte das peças se encontra. Então, ao receber os pedidos, levamos um tempo maior até conseguir separar as peças e, quando necessário, realizar o controle de qualidade. Para apressar estas atividades, pedimos que a Produção nos cedesse algumas pessoas que estavam ociosas nas linhas de montagem o que, a partir de agora, com as demissões realizadas, será bem mais difícil.

Digo então que a logística não está funcionando como deveria.

– Vamos repensar tudo isso. Convido Marlos a trabalhar com o seu gerente de Logística, o Ronaldo, e preparar um plano. Informo que têm uma semana no máximo para voltar com soluções satisfatórias.

Logo em seguida, o diretor de Vendas e Marketing, o Nilton, faz um breve resumo de como as coisas andam na sua seara. Reclama que os clientes têm sido mal atendidos nos prazos de entrega, já que eles pedem pequenas quantidades com máxima urgência e nós não os estamos atendendo adequadamente. E que o perigo disso é que algum concorrente poderia aproveitar este nosso momento de fraqueza para conquistá-los. Pergunto se alguma vez lhe ocorreu explorar outros mercados.

– Precisamos da nossa força de vendas concentrada nesse momento para mantermos os clientes atuais – responde, como quem sabe o que é mais importante.

– Mas você os atende pessoalmente?

– Eu vou de forma esporádica, quando existe alguma situação especial. Em geral os nossos gerentes de conta são perfeitamente capazes de atendê-los.

– Então, você não gostaria de pensar em alternativas, de buscar novos mercados?

– Olha, se você me permite, acho que isso é muito improvável. Mas o que você sugere?

– Na empresa anterior em que eu atuava, quando o mercado de montadoras caía, o de reposição crescia. Porque a tendência é que os consumidores deixem de comprar o novo para manter o mais antigo.

– Ah, mas esse pessoal não paga...

– Não é bem assim, estamos falando de grandes redes do mercado de reposição.

– É, pode ser que eles comprem, mas não somos especializados nisso. A nossa especialidade são, de fato, as montadoras.

– Bom, eu gostaria que você desse alguma atenção a isso que estamos conversando e começasse a pensar de que forma atender esse mercado, ok? Seria interessante que você pudesse me dar uma ideia de quanto representa o mercado montador e quanto poderia representar esse mercado de reposição. Gostaria de ter um retrato melhor, quem são os distribuidores, onde realizam suas compras e o que temos que fazer para conquistar uma parte desse segmento. Eu, inclusive, poderia retomar contatos com alguns distribuidores que já conheço.

– Mas isso não fica bem para um executivo de primeira linha; isso não fica bem para um diretor-presidente, não deveria ser esse o seu nível de atuação.

– Onde devo e não devo atuar é da minha alçada –, corto simplesmente.
– Conto com o seu levantamento desse mercado para voltarmos a falar do assunto.

Depois que eles saem da sala, peço a George que traga imediatamente o Marcos, nosso gerente financeiro. E o diálogo que se segue não fica atrás; é tão assustador quanto os anteriores. Ele abre a conversa com o Marcos indo direto ao ponto.

- Estamos aqui olhando a questão dos custos financeiros e nos demos conta que nos últimos meses as despesas financeiras vêm crescendo muito.

- É que estamos pagando juros aos bancos -, retruca Marcos. - Estamos pagando juros porque o nosso capital de giro não é suficiente para mantermos o nosso ritmo atual. Estamos vendendo muito pouco e as nossas despesas continuam.

- Sim, disso nós já sabemos -, observo.

- Falei com o pessoal da Logística -, continua Marcos, - e eles alegam que não dá para reduzir a entrega dos nossos fornecedores, então estamos acumulando inventários. Entre outros, isso é o que está exigindo cada vez mais capital de giro. O que quer dizer que, enquanto não resolvermos esses problemas, nossos custos financeiros vão continuar altos.

- Mas não existe uma forma de resolver isso ao menos parcialmente? Desse jeito estamos entrando num círculo vicioso e estamos ficando numa situação de prejuízo de longo prazo. O que podemos fazer para estancar isso?

- Teríamos mesmo que falar com o pessoal de logística para reduzir os estoques. E tem mais, eles pediram uma nova empilhadeira para poder movimentar o material no pátio e ainda mais gente para essas tarefas. Adicionalmente, tivemos as despesas com as demissões. A consequente redução de custos só se fará sentir em sessenta dias.

- Isso é outra questão. Vamos nos concentrar na questão do dinheiro, Marcos -, diz George, interrompendo-o. - Você já pensou em falar com os bancos, para renegociar os juros?

- É que não temos uma relação muito boa com eles...

- Como assim, se somos uma empresa que há décadas se relaciona com eles? - Indago.

– No passado nunca precisamos deles, na realidade, nunca chegamos a desenvolver com eles uma relação. Eles agora estão impondo as próprias regras. Um dos principais ainda está exigindo a liquidação de débitos antigos com os quais não concordamos. E isso ficou em aberto.

– E os outros?

– Não temos muito histórico com outros, esse seria de fato com o qual fazemos a maior parte de nossos negócios...

– Já sei o suficiente. Não vamos continuar a discutir detalhes. Preciso que você me apresente uma solução nos próximos dias que inclua a eliminação dos empréstimos bancários, já que esses afetam diretamente a nossa lucratividade. E em bancos onde temos contas há décadas, não podemos aceitar esse nível de juros. O ideal seria renegociar tudo. Há como negociar com outros bancos? Aguardo uma solução o quanto antes. Por favor, se apresse.

Minha conversa com George logo após essas reuniões me deixou frustrado e mais preocupado. Perguntei-me porque ele não tinha atuado com o Marcos para atender a este problema. Era de George que eu esperava mais iniciativa. Perguntei-me também, se essa desconexão entre os líderes é decorrência do aculturamento local, ou da falta dele - coisa que já está me irritando além da conta - se as pessoas estão habituadas a agirem sempre assim e se haverá meios de transformarmos essa mentalidade para, depois que as coisas melhorarem, estabelecermos novos códigos de conduta entre eles, códigos que consigam de fato integrá-los na convivência e no negócio.

Isso tudo aconteceu numa sexta-feira. No caminho para casa comecei a me lembrar de um *workshop* que havia feito há alguns anos em São Paulo, promovido pela empresa, que tinha sido de grande valia ao fazer com que os principais dirigentes da empresa se retirassem por uns dias, num *resort* fora da cidade, para planejar os próximos passos que a organização deveria dar. Na época, julguei desnecessário gastar tanto para fazer com que cabeças-pensantes tão boas quanto as nossas pusessem as coisas para funcionar corretamente. Julguei que não havia porque promover essa reflexão, a não ser pelo fato de que talvez fosse interessante mesmo trocar com os outros dirigentes as perspectivas de futuro, para encontrar sinergias que nos permitissem crescer com foco, e mais rapidamente. Isso agora poderia ser um passo decisivo.

Cheguei em casa para um final de semana em família, certo de que ele poderia ser reparador, mas encontrei um cenário também desolador. A mulher estava com um ar de desconsolo, não sabia mais o que fazer para preencher o seu tempo. Estávamos na cidade há cerca de dois meses. A casa já obedecia a uma rotina, os meninos procuravam se adaptar à nova escola e aos amigos que ainda eram escassos. Marlene andava inquieta. Quando eu cheguei, me perguntou quais eram os planos para o fim de semana. Explicou que estava com vontade de pegar o carro e levar os meninos para um reconhecimento do nosso entorno; havia ouvido falar de alguns pontos turísticos. Disse que havia se informado de uns passeios que poderiam ser instrutivos para os meninos e para nós, uma vez que poderíamos conhecer a cultura local e nos integrarmos com a região. Eu ri nervosamente.

- Queria ficar em casa com vocês, podíamos fazer um churrasco, talvez uma sessão de cinema caseiro. Preciso, na realidade, ler um material sobre um *workshop* que fiz naquele *resort* em São Paulo, lembra-se?

- Sim, tenho uma vaga ideia -, disse ela. - Mas você pretende continuar trabalhando?

- Um pouco. Estou com algumas ideias que preciso desenvolver, pois do contrário seremos atropelados pelas batalhas que ainda vêm por aí. Estou começando a levantar estratégias que sejam capazes de vencer a guerra e gostaria de me dedicar a isso também nesse fim de semana.

Ela não tinha ainda noção de onde nós nos tínhamos metido, quer dizer, onde eu tinha me metido enquanto principal líder de uma empresa prestes a capitular se nada fosse feito. O objetivo era digerir mentalmente o que eu havia levantado durante a semana, no intuito de encontrar soluções de curto e médio prazo e estabelecer um melhor controle sobre a organização.

Os últimos acontecimentos estavam apresentando algumas variáveis que precisavam ser entendidas, antes que eu não tivesse mais forças ou não houvesse jeito de desenrolar o imbróglio que despontava no horizonte. A cada vez que eu tentava entender o que poderia estar causando tanta ignorância dos processos ou na relação entre os meus subordinados, eu me perdia novamente e aquela horrível sensação de impotência voltava a incomodar. Era hora de chamar alguém de fora para ajudar e esse era o meu principal propósito do fim de semana: encontrar o nome do consultor que nos acompanhou naquele antigo *workshop*. Assim eu poderia tentar um contato com ele já na próxima semana para que ele me auxiliasse na minha difícil tarefa.

Evidentemente, mais uma vez não pude dar atenção à família. Minha esposa decidiu fazer o passeio planejado só com as crianças, deixando-me sozinho em casa. Apesar de que isso me permitiu trabalhar nas minhas preocupações, ficou uma sensação de culpa por não ter dedicado a devida atenção à minha família.

 *MEUS PENSAMENTOS*

*Aumentar a pressão sobre a equipe não a motiva. Ao contrário, estabelece um ambiente de defensividade e falta de cooperação.*

*Comunicações inadequadas internas e externas geram falta de eficácia em todos os níveis da empresa.*

# 3

# Um binóculo especial ainda não inventado

> *O irracional respeito à autoridade é o maior inimigo da verdade.*
> **Albert Einstein**

Juarez – era esse o nome do consultor de desenvolvimento que emergiu da papelada sobre a qual eu me debrucei no fim de semana, a despeito dos olhares enviesados da família. Embora os papéis do curso já estivessem meio pardos, e não trouxessem nenhum número de telefone, uma rápida pesquisa na internet me direcionou para novas perspectivas e para um contato com Juarez, que respondeu prontamente ao meu convite para visitar-nos na semana seguinte. Foi a decisão mais iluminada que eu poderia ter tido naquele momento. Ele me ouviu com muita atenção, o que me deu uma sensação imediata de tranquilidade; senti que meus problemas não eram insolúveis. Percebi que a tensão era toda minha e que eu estava projetando tudo isso sobre a organização, Marlene e os meninos. E já neste primeiro contato, ao falar com ele, ficou claro que eu estava lidando com os problemas de uma forma incorreta.

Assim mesmo o diálogo foi curioso, a princípio. Comecei perguntando o que ele, Juarez, pensava em fazer, mas ele me devolveu a pergunta.

– O que você Roberto, pensa em fazer? – Percebi imediatamente a sua técnica. Ele queria que eu pensasse nas alternativas, me forçando a tomar posição e, ao mesmo tempo, fornecer o que ele precisava para entender o contexto. Semelhante a um processo terapêutico, técnica que eu conhecia, mas não apreciava muito, visto que as poucas sessões de terapia que eu havia feito na vida não tinham surtido algum efeito benéfico perceptível para mim.

– Eu não penso. Chamei você aqui para que você me ajude. Como vamos fazer? – Insisti.

– Não podemos resolver problemas sem conhecê-los em profundidade. É como tentar determinar um percurso de viagem, sem conhecer o ponto de partida. Sob a pressão do dia a dia, o mundo empresarial ou corporativo tende a tentar solucionar problemas à medida que as questões vão surgindo. Os líderes e executivos costumam basear-se na pura intuição, como eu o chamo, reagindo de forma instintiva, a partir do que presumem conhecer; muitas vezes não se aprofundam o suficiente nas questões. O leque de alternativas que pode ser muito amplo deveria ser explorado a fundo antes de tomar decisões. Senão, há o risco de que estas resolvam o problema no curto prazo, sem considerar as suas implicações em longo prazo e, o que é pior, sem levar em consideração as pessoas. Ou seja, tomam-se decisões rápidas no intuito de libertar-se de um problema que aparenta ser apenas pontual.

Ao confrontar-se com um problema, avaliam-no a partir do Pensar, raramente o "sentem" e quando o fazem, tendem a reagir emocionalmente. No entanto, o Sentir que deveria estar no meio entre o problema e a decisão, é ignorado – como perceber o ambiente, as preocupações e resistências dos envolvidos, os interesses dos *stakeholders* etc., coisas que permitiriam captar o que realmente está acontecendo. Sem isto, há o risco de avançar diretamente do Pensar para a Decisão. Muitas vezes ouvimos um alto executivo dizer: "Não me venha com esse negócio de sentimento, isto não funciona aqui. Nós aqui identificamos o problema e buscamos a solução." E há sempre o perigo de generalizar, de simplificar escolhendo entre o preto e o branco e ignorar todas as outras cores do arco-íris. Creia: isso não é firula.

– Não temos muito tempo para isso –, retruquei reforçando a sua tese.
– Em geral a corda está sempre no pescoço quando chegamos numa situação dessas e costumamos não ter tempo para detalhes, que dirá espaço para conjecturas.

## Podemos "demitir problemas"?

– Estou bem familiarizado com esses processos –, respondeu Juarez. – E é aí que os problemas tornam-se ainda mais emaranhados. Reações ou estratagemas exclusivamente racionais podem ser nocivos. Também a busca de culpados, que ajuda a canalizar nossas frustrações, não resolve. Ao contrário, dificulta o relacionamento sem construir um ambiente adequado para criar soluções objetivas. Com frequência, após demitir o culpado, percebe-se que o problema continua. E chega-se à triste conclusão de que se demitiu o culpado, mas que sequer passamos perto do que verdadeiramente motivou aquela situação específica. Depois descobrimos que o problema não foi demitido. São tantos os ingredientes e os níveis em que as coisas acontecem que, sinceramente, não é recomendável deixar que os problemas sejam tratados de maneira superficial.

Por insistência de Juarez, tento formular em poucas palavras aquilo que considero "meus" problemas principais. O que mais me preocupa é o que está intrínseco na atitude que permeia a organização, que resumo para ele como o "deixa como está, para ver como fica".

– Temos pessoas altamente qualificadas em praticamente todas as posições, mas não consigo estimular que se envolvam, que corrijam o que está evidentemente errado dentro de suas áreas de responsabilidade. Uma das coisas que mais me marcou naquele *workshop* que fizemos com você há anos, é que não vemos os problemas se resolverem simplesmente dando ordens diretas do que e como fazer. Quando agimos assim, estamos tirando a responsabilidade do líder que deveria propor saídas; acredito que estamos apenas poupando-o de encontrar saídas e postergando soluções.

Mas preciso ser honesto. Esse tem sido o meu estilo por anos a fio. Ocorre que agora me meti num quebra-cabeças de mais de mil peças, por assim dizer, e vou precisar de ajuda.

A resposta de Juarez é a primeira grande surpresa das muitas que estavam por vir: – Parabéns! Você conseguiu colocar o problema no nível correto. Realmente, pelo que você diz, as dificuldades parecem estar na cultura da organização e, por consequência, na atitude das pessoas. Essas, por sua vez, refletem a ausência de um espírito de grupo, de uma alma empresarial –. Ali começava o olhar de Juarez, sua fala um tanto subjetiva e alguns de seus "mantras". Eu não sabia ainda, mas também iria me aculturar ao longo do processo que estávamos inaugurando.

Ele então me propõe entrevistar umas dez a quinze pessoas de diversos níveis de liderança, individualmente, incluindo a mim mesmo, para levantar os problemas. Eu retruco com o meu pragmatismo.

– Mas não seria mais prático e rápido fazer uma reunião com todos, na qual as pessoas pudessem colocar as questões de uma só vez?

– As entrevistas individuais fazem com que cada um dos participantes tenha a liberdade necessária para se expressar como achar conveniente. É uma relação de um para um, na qual a chance de abertura é bem maior. Ao saber que o que eu disser não será usado contra mim, não vai imediatamente suscitar polêmicas e julgamentos, eu tendo a falar mais espontaneamente, você não acha?

– E como você pensa em encaminhar essas entrevistas?

– Duas coisas são primordiais nessa fase. Eu quero ouvir as pessoas e fazer algumas perguntas que visam a levantar quais são os problemas na empresa em geral e quais estão vendo na nova direção e como os percebem. "Como vocês estão percebendo o novo dirigente? Em sua opinião, qual é o principal problema que a empresa atravessa no momento?" Farei perguntas desse tipo que estimulem as pessoas a se colocarem.

– Mas Juarez, você acha que eles vão falar abertamente?

– Bom, em primeiro lugar, eu costumo criar um ambiente de confiança.

Segundo, eu informo que as entrevistas são confidenciais e que vou anotar todas as informações que forem relevantes. Ao redigir o respectivo relatório, no entanto, estas poderão ser citadas, porém não será mencionado o nome do entrevistado. Gosto especialmente de uma pergunta: Se você tivesse uma varinha de condão e pudesse ter três desejos, o que você iria pedir para resolver os problemas da empresa? E obviamente, Roberto, tenho mais um arsenal de perguntas que abre diversos caminhos de raciocínio. E você talvez já tenha notado que vou apelar muito para o sentir de cada um - o que não acontece normalmente no ambiente corporativo.

## Entrevistas: Perguntas francas e abertas criam ambiente de confiança.

Juarez procedeu conforme o combinado, entrevistando doze pessoas. Sua personalidade era de fato cativante, tinha sempre uma pergunta aparentemente simples, mas perfeita dentro do contexto ou do que estava se propondo a esclarecer. Passei a observá-lo. O seu modo de agir com elegância e sutileza, invariavelmente fazia com que as pessoas se abrissem. Ele era quase como um Sherlock Holmes, esbanjava confiança e naturalidade, estimulando nos seus entrevistados atitudes semelhantes. Não deixava transparecer em suas palavras certeiras qualquer intenção de julgamento ou crítica. Cada informação recebida era recebida como um fato. Ao mesmo tempo, suas perguntas interessadas às vezes faziam com que o entrevistado se sentisse estimulado a objetivar e até a rever uma ou outra informação. Estas são as experiências da minha entrevista e imagino que Juarez atuou da mesma forma nas outras, o que foi confirmado pelos comentários de outros entrevistados.

Sempre que eu podia, saía do meu ambiente para fazer alguma coisa que me desse a oportunidade de passar pela sala onde ele conduzia as conversas com os entrevistados. Pelo tom das conversas, dava para perceber que estavam ocorrendo diálogos, mais do que simplesmente perguntas e respostas.

Nas minhas atividades diárias, eu tentava me manter discreto. Tentava passar despercebido, mas a minha maneira de conduzir a empresa desde que cheguei, eu tinha certeza, causava certo temor. Até mesmo para quem não era um bom observador, já começava a ficar claro que eu tinha vindo para incomodar e empreender as mudanças nunca vistas ou desejadas por ali. Foi Marlene, aliás, quem me chamou a atenção para o fato de que eu estava exagerando nas minhas vestimentas. Ela perguntou se alguém na fábrica era apegado a marcas ou estilos. – Você não acha que está elegante demais para o seu novo cargo? Não vai intimidar seus subordinados? – Eu considerei suas palavras com certo constrangimento. Além das roupas estarem um pouco além do que o local propunha, eu já chamava atenção naturalmente. Meus 1,85m já me deixavam bastante em evidência, isso sem mencionar a minha aparência esportiva.

Como eu suspeitava, o resultado da primeira ação efetiva do consultor confirmou muito do que eu esperava, embora eu não fizesse a menor ideia do que faríamos com as respostas levantadas.

Pensando bem, o resumo das entrevistas foi praticamente óbvio. Mas tomar conhecimento dele me abriu uma nova perspectiva da situação. Bastou passar os olhos por expressões como falta de objetivos comuns, pouco envolvimento das pessoas nas decisões que as afetam, falta de diálogo e interesse, para que eu aprofundasse a minha visão do conjunto. Foi como se Juarez houvesse me emprestado uma máquina que com certeza ainda não tinha sido inventada – uma espécie de binóculo que amplia os detalhes, ao mesmo tempo em que os contextualiza em um todo maior. A situação real da organização, sua cultura e características e, principalmente os vícios por trás das atitudes, ganharam novos contornos que me acalmaram por um lado e me deixaram ainda mais preocupado por outro. Em seu relatório ele destacou alguns pontos dentre as opiniões que se sobressaíram ou que foram repetidas por mais de um participante:

- Estamos em uma fase em que há mais a fazer do que a capacidade disponível. No entanto, as prioridades não são definidas.

- O presidente anterior não queria que tomássemos iniciativa. Isto ficava reservado a ele.

- Sabemos quais os problemas que realmente fazem a diferença?

- O principal problema é que nunca nos foi exigido pensar. Pensar, pra quê? Autoestima aqui? Não sabemos do que se trata. Nosso Presidente anterior tinha um estilo próprio de nos deixar de fora de qualquer coisa que fosse um pouco mais complicada. As pessoas aqui se defendem e olhe lá.

- Dizem que o problema é da nossa "cultura" do interior, mas na realidade nem sabemos de que maneira podemos contribuir. O que será que a nova direção vai querer de nós?

- Com o excesso de problemas do dia a dia não, conseguimos estabelecer prioridades e dar atenção a elas.

- Temos que assumir a função de exemplo: respeito pelo ser humano, novas atitudes e disciplina desde o primeiro nível da organização.

- Os investimentos geraram melhora sensível na manutenção, mas ainda falta muito para tornar as máquinas confiáveis.

- Tem que haver quebra de barreiras e paradigmas? Resistência a mudanças, quem nós? Mudar para que, pra onde?

- O clima melhorou muito; já se pode conversar com outras áreas.

- Nas reuniões continuamos com o planejamento e participação caóticos.

- Executamos um monte de atividades que não agregam valor: exemplo típico são as reuniões improdutivas ou das quais muitos não precisariam participar.

- O Presidente anterior não conseguiu conquistar a confiança das pessoas: faltou disposição de ouvir. Tendência era impor de cima para baixo sem consultar.

- Muitos líderes atuais foram promovidos por seus conhecimentos técnicos, mas ainda não têm habilidades adequadas de liderança.

– Fantástico, Juarez. O que você me trouxe responde em grande parte às minhas perguntas. Eu já havia verificado na prática muitas das coisas que você aponta. Sinto que agora eu tenho uma realidade com a qual trabalhar. Se antes eu tinha apenas uma ideia, agora tenho fatos concretos, quase provas de onde se encontram as questões mais importantes. Ao mesmo tempo, confesso que não tenho a mínima ideia de como lidar com essa nova dimensão que estamos abrindo.

– Sim, fico contente que você tenha podido ver o quadro maior. A minha intenção era mesmo essa, permitir que você escapasse daquela pressão de resolver o aqui e agora, podendo começar a ver o todo. O foco é importante, mas é ainda mais importante quando ganha sentido a partir do todo. É preciso sair do plano menor e, aí sim, dar o foco necessário, analisando o contexto e as causas que levaram àquela determinada situação. Isto permite a você ver a organização de uma posição mais elevada, quase como se não estivesse diretamente envolvido nela.

– Também consigo perceber, analisando o relatório, que as pessoas não estão mesmo envolvidas nas decisões. Elas se sentem alijadas do processo. Causou-me certo mal-estar, por exemplo, o comportamento desencorajado que notei nas respostas. Na prática do dia a dia, dá para perceber os sintomas: evitar discussões, preferir um e-mail a um olho no olho e coisas desse tipo. Ficou patente um medo coletivo, quase como se as pessoas estivessem, de fato, evitando interagir umas com as outras. Você não notou isso?

– Interessante essa sua percepção. Será que estamos ainda lidando com as consequências do estilo de liderança do seu antecessor? Creio que a partir destas informações você encontrará as formas de empreender as mudanças necessárias. E agora que estamos iniciando o processo, eu gostaria de dizer que meu papel será mais o de um ajudante na trilha que você irá perseguir. Aquele que vez por outra vai usar sua lanterna para iluminar os pedaços mais difíceis do caminho e indicar os atalhos mais inteligentes, sempre contribuindo para uma visão integrada do todo. Você já sabe então que é a própria liderança da organização que vai conduzir esse processo.

– Sim, é isso mesmo. E, a meu ver, aí está o grande gargalo e principal fonte das minhas angústias. E acho que somente mudando o comportamento das pessoas da organização conseguirei criar um clima propício às decisões em conjunto. Não tem sido fácil tomar decisões. O que tenho visto desde que cheguei são uma total descrença e um imobilismo que nunca pensei que pudessem existir.

– Sim –, responde Juarez. – A minha sugestão então é que levemos alguns desses pontos para um primeiro Retiro de dois dias com quinze ou vinte dos principais líderes. E lá decidiremos como continuar o nosso processo. Vou fazer uma proposta nesse sentido. Acredito que três Retiros serão suficientes para essa primeira etapa. E o primeiro, em especial, já nos ajudará a definir se os outros serão necessários. Gostaria, entretanto, de enfatizar que ao longo do processo você terá total liberdade de suspender tudo se julgar que as coisas não estão evoluindo satisfatoriamente.

– E o que faremos durante dois dias?

– A dinâmica é a seguinte: reunimo-nos já na tarde anterior ao primeiro dia de trabalho, após o término do expediente. O intuito será o de investigar a organização em quatro níveis e detectar o que ocorre em cada um: Nos Recursos, nos Processos, nas Relações e na Identidade. Você deve se lembrar um pouco do que vivemos naquele curso de que você participou, não é mesmo?

— Sim, me lembro vagamente. Mas a situação naquela organização era bem diferente. Na época julguei o processo muito valioso, mas isto ocorreu em uma empresa na qual não havia tantos problemas.

— É verdade, mas creio que a metodologia que vamos adotar vai ser útil na situação atual da sua empresa. Vou começar expondo os conceitos básicos para depois introduzir exercícios e dinâmicas que permitam que os participantes apliquem esses conceitos nas questões mais relevantes que vierem a ser apontadas. Vamos trabalhar em grupos, com reflexões individuais, vamos ter discussões em plenário e vamos iniciar cada dia com exercícios de integração física e emocional. Assim, de forma integrada, todos ajudarão a definir os problemas dentro de um contexto empresarial amplo. Ao final teremos um acordo sobre os principais problemas e algumas pistas de como resolvê-los.

— Vamos sair com soluções?

— Provavelmente vamos sair de lá com uma visão objetiva dos problemas, com ideias de como atacá-los e com uma atitude mais positiva do grupo.

Não preciso dizer que a iniciativa de realizar um *workshop* criou fortes resistências de alguns dos "convidados". Eu me lembrei com nitidez e riqueza de detalhes de alguns dos processos que havíamos vivido naquela experiência do *resort* e de como as coisas começaram a entrar nos eixos depois de algumas acirradas resistências iniciais. Fiquei animado. Mas alguns outros, entre eles Marlos e Nilton, é claro, não pareciam convencidos do processo que deveria imprimir novos rumos à nossa administração. Os boatos tomaram conta dos corredores. Gerentes e funcionários estavam mais agitados do que nunca e eu esperava que esse clima ajudasse a arejar todos os corredores e cantos da fábrica e principalmente a cultura que cheirava a mofo. Tínhamos desafios gigantescos pela frente e eu precisava descobrir e contar com aliados nessa luta quase inglória que estava por vir contra os números negativos, contra a inércia, e contra nossa própria atitude.

Juarez me tranquilizou: — Ao iniciar o processo você irá com facilidade descobrir os que vão ser os seus aliados de primeira hora. Temos experiência neste sentido. Fica claro no gráfico abaixo que reações você poderá esperar em um dado grupo.

## COMO AS PESSOAS REAGEM EM UM PROCESSO DE MUDANÇAS

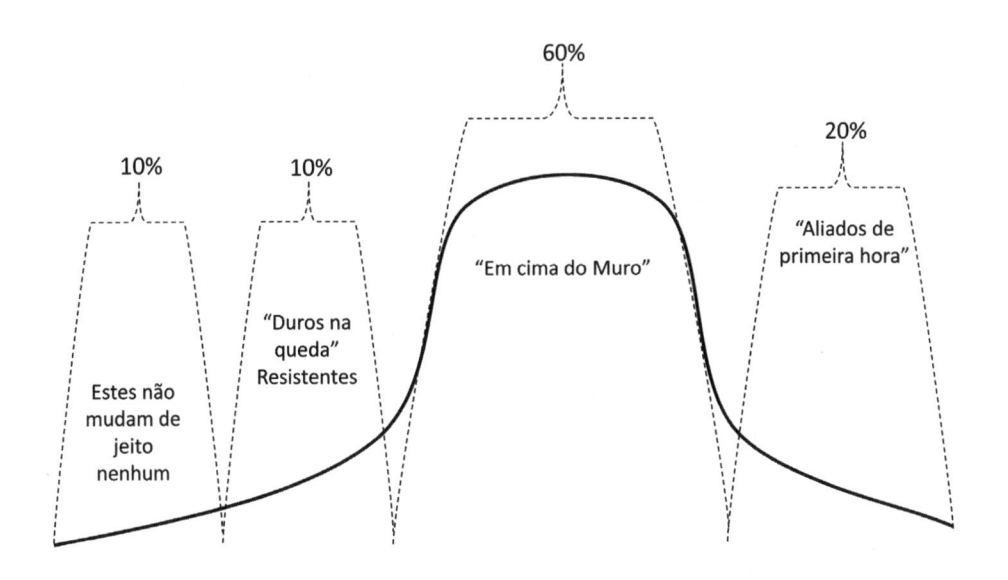

- 10% — Estes não mudam de jeito nenhum
- 10% — "Duros na queda" Resistentes
- 60% — "Em cima do Muro"
- 20% — "Aliados de primeira hora"

### ✋ MEUS PENSAMENTOS

*Ao discutir os problemas com uma pessoa experiente e não envolvida, estes se tornam mais objetivos. As emoções e pressões que turvavam nossa visão deixam de interferir nas nossas decisões.*

# 4

# Um retrato vivo e a cores (o primeiro Retiro)

> *Um bom amigo, que nos aponta os erros e imperfeições e reprova o mal, deve ser respeitado como se nos tivesse revelado o segredo de um oculto tesouro.*
>
> **Siddharta Gautama, o Buda**

Ao apresentar seus objetivos para os vinte principais líderes, Juarez diz que a sua missão é tirar um retrato da organização para que possamos entender e buscar soluções para as questões básicas da empresa. Mas deixa claro que irá mais longe. Está ali para levantar em conjunto com todos os participantes os conceitos que devemos explorar para evoluir como uma empresa moderna, conectada com o mercado e cônscia de suas metas. - O modo como faremos isso é de primordial importância -, sentencia ele, - principalmente na construção de nossa imagem própria. Nesse sentido -, diz, - o primeiro passo é analisar como nós a enxergamos -. Começa pelo resumo das nossas entrevistas, a fim de apontar as principais características apontadas pelos entrevistados.

Ao término da primeira hora, pede que cada um dos presentes conte como encontrou a organização quando entrou. A intenção é resgatar a biografia através dos depoimentos. Surgem algumas constatações curiosas: "Há dez anos, quando eu entrei aqui, o estilo era autocrático e continuou com o Maurício. Desde então tudo o que fazemos é obedecer a ordens. Problemas financeiros? Nunca tivemos. Sempre fomos assim e sempre deu certo. Para que mudar?" Mais: Os líderes da organização sempre acham que têm o poder. E como diz aquele ditado: "manda quem pode e obedece quem tem juízo". Ou ainda, "para nós nunca ficou clara qual é a estratégia da organização. Cada um aqui dentro faz o que deve fazer, mas não sabe para onde está indo".

Fica claro que as mudanças a serem implantadas são mais profundas do que eu esperava.

As mudanças geram resistências em diversos níveis internos: no pensar, porque não conseguimos ainda entender porque e como devem ser feitas; no sentir, já que surge o medo de que iremos perder o conforto do conhecido, que talvez o desafio seja maior do que nossa capacidade; e finalmente no querer, aquele nível sobre o qual recai a responsabilidade pela tomada de decisões. Quando esse fica bloqueado, é como se surgisse um grande e intransponível muro à nossa frente. – E em geral, depois do bloqueio é comum que o vazio se instale – comenta Juarez.

## RESISTÊNCIAS A MUDANÇAS

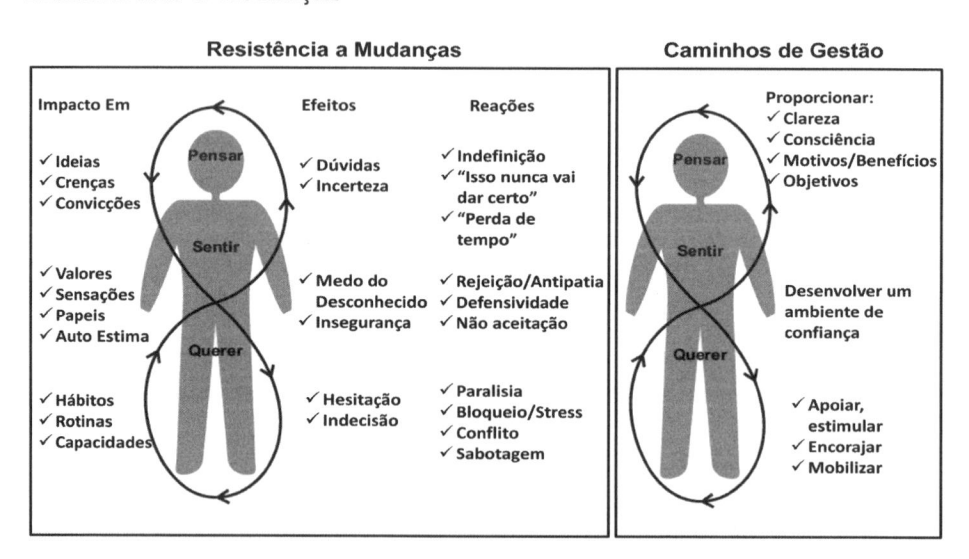

| Resistência a Mudanças | | | | Caminhos de Gestão |
|---|---|---|---|---|
| **Impacto Em** | | **Efeitos** | **Reações** | **Proporcionar:**<br>✓ Clareza<br>✓ Consciência |
| ✓ Ideias<br>✓ Crenças<br>✓ Convicções | *Pensar* | ✓ Dúvidas<br>✓ Incerteza | ✓ Indefinição<br>✓ "Isso nunca vai dar certo"<br>✓ "Perda de tempo" | ✓ Motivos/Benefícios<br>✓ Objetivos |
| ✓ Valores<br>✓ Sensações<br>✓ Papeis<br>✓ Auto Estima | *Sentir* | ✓ Medo do Desconhecido<br>✓ Insegurança | ✓ Rejeição/Antipatia<br>✓ Defensividade<br>✓ Não aceitação | Desenvolver um ambiente de confiança |
| ✓ Hábitos<br>✓ Rotinas<br>✓ Capacidades | *Querer* | ✓ Hesitação<br>✓ Indecisão | ✓ Paralisia<br>✓ Bloqueio/Stress<br>✓ Conflito<br>✓ Sabotagem | ✓ Apoiar, estimular<br>✓ Encorajar<br>✓ Mobilizar |

Juarez continuou a explanar o que havia levantado nas entrevistas. Mais do que um problema de *budget* ou de crise, ou mesmo da tal cultura do imobilismo, já identificada, começava a ficar claro que ali ninguém tinha ideia para onde caminhava; não havia um direcionamento que indicasse para onde estávamos indo e melhor, porque estávamos indo. O retrato não era nada estimulante: tínhamos muito a fazer. A baixa autoestima era evidente; não tínhamos planejamento e não existia "método" para convocar reuniões ou para fazê-las. Em consequência, as nossas inúmeras atividades se tornavam pouco produtivas. E ainda tínhamos que apagar incêndios no dia a dia. Quebrar paradigmas e implantar uma nova gestão eram expressões do outro mundo. "Lindo!" pensei comigo mesmo. "Como vamos sair dessa?"

## Os quatro níveis de uma organização

Juarez introduz então o conceito dos quatro níveis da organização conforme havia me dito que faria: Processos, Recursos, Identidade e Relações. Ele consegue mostrar a importância de cada um e demonstrar que o equilíbrio entre eles é imprescindível para o desenvolvimento da organização. Segurança, satisfação por realizar, atenção individual a cada um dos integrantes da organização, motivação e uma cultura organizacional com a qual os colaboradores se identifiquem são alguns dos combustíveis que alimentam a empresa. Se eles cumprem a função de abastecer a organização e de servir à construção de uma cultura organizacional, o trabalho deixa de ser uma obrigação e passa a ser um objetivo. Exercer uma responsabilidade é diferente de executar uma tarefa. E se tudo isso está azeitado dentro de uma empresa, as perspectivas individuais de crescimento e satisfação mudam radicalmente. Ainda na sua introdução, ele mostra a organização de um lado, o ser humano de outro, vinculando-se por pontes. Entre eles, a ponte da segurança com relação à estrutura, a certeza do pagamento no fim do mês, as perspectivas da organização e o sentir-se seguro com tudo isso.

## As Pontes que unem o ser humano e a Organização

Afirma que são os processos que expressam a vitalidade da organização. A ponte, nesse nível, entre o ser humano e a organização é a satisfação de um trabalho bem feito, de alcançar resultados por meio de processos eficazes. A outra ponte vai dos sentimentos do ser humano (do seu "corpo anímico") para o nível das relações na organização: é a motivação. Motiva-se alguém dando atenção, estimulando a sua participação individual, mas também quando cultivamos um bom relacionamento com o coletivo, com fornecedores, os clientes e com a comunidade. Entre o Eu, expressão do espiritual no ser humano e a Identidade da organização que representa o seu nível espiritual, encontra-se a ponte da Identificação. A Identidade se expressa na cultura da empresa, nos seus Valores e na sua Missão e Visão, na sua biografia e filosofia. Quando os colaboradores se identificam com a empresa, alcançamos o mais alto grau de Integração, ou seja, a Identificação.

## PONTES ENTRE SER HUMANO E ORGANIZAÇÃO

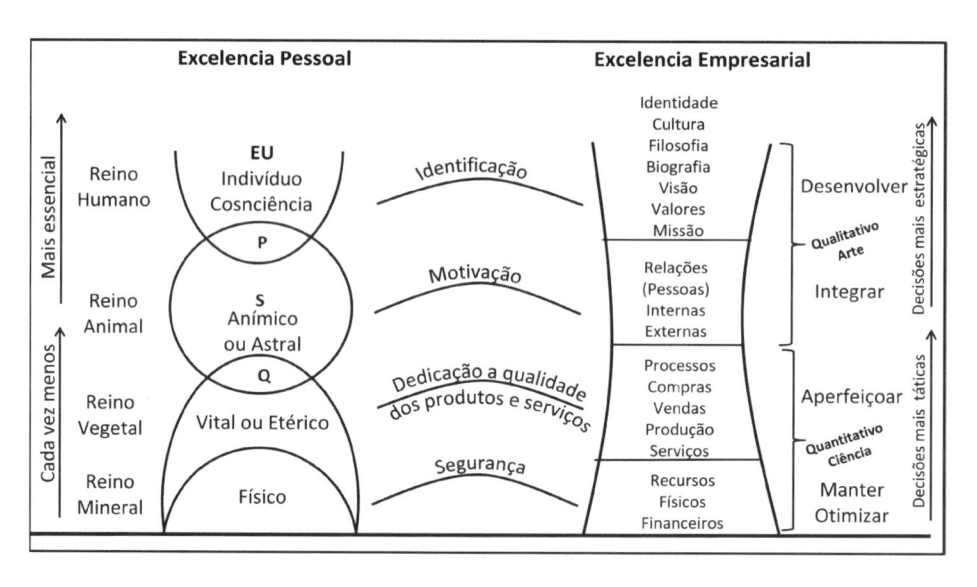

| Excelencia Pessoal | | | Excelencia Empresarial | |
|---|---|---|---|---|
| Mais essencial ↑ | Reino Humano | EU Indivíduo Cosnciência — P | Identificação | Identidade Cultura Filosofia Biografia Visão Valores Missão | Desenvolver — Qualitativo Arte | Decisões mais estratégicas ↑
| | Reino Animal | S Anímico ou Astral | Motivação | Relações (Pessoas) Internas Externas | Integrar |
| Cada vez menos ↓ | Reino Vegetal | Q Vital ou Etérico | Dedicação a qualidade dos produtos e serviços | Processos Compras Vendas Produção Serviços | Aperfeiçoar — Quantitativo Ciência | Decisões mais táticas ↓
| | Reino Mineral | Físico | Segurança | Recursos Físicos Financeiros | Manter Otimizar |

Olho para os lados. Não consigo ler as expressões nos rostos. A atenção é completa, mas aparentemente Juarez fala alguma língua ainda não identificada pela grande maioria. Ele propõe então um trabalho prático: um diagnóstico dos quatro níveis da nossa organização, a fim de se levantar os pontos cruciais em cada um deles. São formados quatro grupos de cinco integrantes que discutem e elaboram um diagnóstico da empresa em cada um dos quatro níveis.

Quando esse trabalho termina, cada grupo vem ao plenário falar sobre o seu diagnóstico. Juarez faz questão de frisar que a intenção não é apontar defeitos, mas avaliar de forma objetiva as características da empresa em cada um dos quatro níveis. Aos poucos, eles vão se dando conta de um quadro maior, das dificuldades que todos enfrentam, começam a tomar consciência do todo. Passo a ver inúmeros pontos de interrogação nas testas. Será que começam a entender o panorama mais amplo?

Eu procuro me manter isento; não posso começar a impor minhas opiniões, sob o risco de inibir as contribuições dos outros participantes. Meu objetivo tem que ser o de perceber os detalhes sem perder de vista o cenário maior, como havia recomendado Juarez. Não quero perder nada. Tenho sede de entender tudo o que está sendo apresentado para desenvolver uma visão ampla capaz de nos tirar desta situação. Quase não respiro olhando para os grupos. Fica claro que estamos diante de duas questões básicas, aparentemente diferentes, mas que estão na realidade embaralhadas e superpostas: Identidade da organização e Relações interpessoais. Essas são as conclusões apresentadas pelos grupos. E acreditem, eles se fixaram somente nestes dois níveis. Recursos e Processos foram completamente ignorados. Fiquei surpreso e logo que a oportunidade surgiu, numa pequena pausa, questionei Juarez isoladamente. - Por que essa unanimidade? - Ele me responde que isso é normal, que provavelmente a percepção de todos é notar a ausência de direcionamento e estratégias, consequência de uma identidade sem contornos definidos. E que as Relações, tanto internas quanto externas, não estão na consciência das pessoas. Afinal, elas nunca haviam parado para conversar entre si, a não ser dentro das reuniões que em princípio não têm por objetivo a integração; pior, criam conflitos e frustrações pela maneira desorganizada com que normalmente são realizadas. Juarez então explica que a forma de trabalhar com Recursos e Processos será uma consequência de definições corretas de Identidade e Relações. - Antes assim -, enfatiza Juarez. - Ao menos vocês não caíram na armadilha mais comum de tentar resolver os problemas a partir de Processos e Recursos, sem criar primeiro a linha mestra da Identidade. Isso sim seria uma dificuldade muito maior -, sentencia.

Na manhã seguinte, o trabalho é iniciado com exercícios de integração, a partir de um trabalho com bastões de cobre. O exercício permite experimentar na prática o que foi exposto sobre as Relações. Os participantes estão em círculo e passam os bastões para a direita, e depois para esquerda, com movimentos rítmicos entre cada passagem. O movimento precisa ser sincronizado porque qualquer erro pode fazer com que algumas pessoas fiquem com mais de um bastão e outras sem nenhum. Ao final tiram-se algumas conclusões: o que é mais importante, dar ou receber? Você consegue dar sem receber? O curioso é que o exercício não consegue ser bem feito a partir do pensar. É necessário perceber o outro, sentir o outro, sentir o ritmo do grupo. Uma conclusão é destacada por Juarez: essa é a qualidade do Sentir. Para os participantes, esta percepção se torna evidente: no processo de entender o outro, o Sentir vem à tona. Em seguida, variações do exercício são realizadas. Uma pessoa coloca-se na frente da outra e os bastões são lançados simultaneamente. Ocorrem resistências. Como fazer para que os bastões não se choquem no ar? Pensar no outro faz parte, ou melhor, sentir o outro. Só assim é possível entrar no ritmo:

## EXERCÍCIO COM BASTÕES:

Vamos em frente com a programação do retiro. Juarez propõe um exercício de pintura artística, em grupos: pintar uma cena que represente a empresa na atualidade. Mais fichas "caem". Um grupo pinta uma prova de força com corda, com um CEO grande e forte de um lado e uma fila gigante de funcionários amedrontados de outro que iam diminuindo de tamanho até que não desse para avistar os últimos sumindo no final da fila. Outro pintou um avião expelindo fumaça pelos motores, caras desinteressadas nas janelas e o CEO no comando com expressão de quem não sabe bem o que fazer, vestindo uma camiseta na qual era possível ler o seu cargo nas costas em letras garrafais.

Outro grupo mais otimista conseguiu pintar um sol atrás de uma tempestade com nuvens carregadas. Como proposta de integração, um grupo analisa a pintura do outro e aí é que as coisas esquentam. Cada grupo apresenta o seu *flipchart*, mas o grupo que pintou não diz nada; os outros é que vão interpretar cuidadosamente o que veem. Enquanto isso, Juarez anota tudo. As diferentes interpretações dos participantes geram um ambiente criativo e divertido. E aí o grupo responsável pela pintura explica quais foram as verdadeiras intenções. Surpreendentemente, as interpretações dos outros foram bem próximas daquilo que o grupo pintor quis comunicar. Em seguida, cada grupo passa pela mesma sequência. Ao avaliar estes resultados, diversos participantes expressam o sentimento de que a imagem que têm da própria empresa não é nada lisonjeira.

## Processo decisório

Após uma introdução aos conceitos do Processo Decisório – PD (veja gráfico abaixo), Juarez propõe que os apliquemos em um exercício prático: cada grupo seleciona um dos tópicos que definiu como problema de Identidade ou de Relações no diagnóstico feito em grupos e aplica o Processo Decisório.

Na primeira fase, cada grupo enuncia de forma objetiva o problema a trabalhar. Na segunda fase, fatos concretos, dados, informações. Tudo sem julgamentos. Assim Juarez começa a descrever o segundo passo do Processo Decisório. Em seguida, realiza-se um interessante *brainstorming*, com muitas sugestões – todas ainda sem julgamento – que estimulam a criatividade de todos que dele participam.

Eu tento me colocar um pouco fora do esquema novamente, enquanto a prática começa a esquentar, e observo com atenção àquela enxurrada de ideias que brota criativamente em cada grupo. A atitude de não ter que tomar as decisões, ao mesmo tempo dando minhas visões a respeito das questões que nos assolam, me permite assistir com certa isenção. Juarez havia me dado essa dica: tente não assumir o papel de "Chefe" ou dar palpites muito fechados sobre as discussões que você vier a presenciar. Abra seu ouvido, apure-o, livre-se dos "pré-conceitos" que tanto nos perseguem. É o que eu procuro fazer. "Pesco" ideias prosaicas e outras muito valiosas a respeito das questões em discussão; vejo reações já conhecidas se repetirem e, por outro lado, atitudes muito inteligentes e nobres ganharem espaço entre os grupos, como, por exemplo, alguém solicitar a outro que repita uma ideia que julga ser interessante todos escutarem.

Sinto pela primeira vez potencial nas pessoas. E começo a achar mesmo que as pessoas estavam precisando de um impulso estimulador e que talvez Juarez e o seu trabalho tenham vindo realmente na hora certa.

Passamos para a terceira fase, a de julgamento, com o aval de Juarez, depois de selecionar as ideias que têm condições de evoluir. Nosso desafio é escolher aquelas sugestões com potencial para solucionar os problemas de Identidade e de Relações que havíamos apontado logo no início, a partir do diagnóstico dos quatro níveis da organização. Neste passo, usamos o pensamento convergente, transformamos opiniões individuais em coletivas. Agora as discussões estão acirradas, no entanto, dado à realização das fases anteriores, as diferenças são discutidas de forma mais objetiva, sem aquele excesso do emocional/subjetivo. A partir deste ponto, nosso gol é a busca de consenso, de sentir coletivamente uma solução ou decisão tecida com dezenas de posicionamentos dos grupos. Nesta quarta fase, o desafio é elaborar as soluções viáveis, suas consequências e um plano de ação para cada uma. Como fecho da reunião, Juarez explica a quinta fase: a Avaliação. Este é o momento em que vamos detectar o que podemos melhorar na próxima reunião. Alguns tópicos desta fase: o que senti em relação a mim e aos outros? O que funcionou ou não, como as pessoas se comportaram (foram críticas, agressivas, construtivas, se envolveram ou não), de que forma participaram. Dentro de cada grupo, apresenta-se a visão completa do trabalho, como foi para cada um; como aprenderam a lidar com as questões em grupo. Tudo isso flui de uma forma pacífica, surpreendente. Eles voltarão para a empresa com decisões, percepções de atitudes, um maior nível de conscientização. Terminou o primeiro dia.

# PROCESSO DECISÓRIO

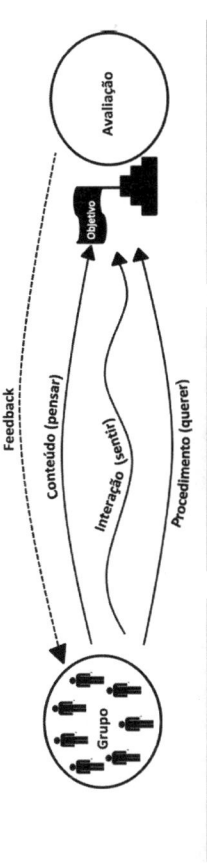

Feedback
Conteúdo (pensar)
Interação (sentir)
Procedimento (querer)

Grupo → Objetivo → Avaliação

| FASE 1 | FASE 2 | FASE 3 | FASE 4 | FASE 5 |
|---|---|---|---|---|
| **Planejamento** | **Formação de Imagem** | **Julgamento** | **Conclusão/Decisão** | **Avaliação do Processo** |
| • Qual é o desafio/objetivo? <br>• O que incomoda/preocupa? <br>• Temos um problema? <br>• Queremos solucioná-lo? <br>• O problema é nosso? <br>• Quem está envolvido? <br>• Até que ponto vamos trabalhar? <br>• Coisas práticas: local, suporte de reunião, etc. <br>• Quem coordena? <br>• Quem anota? <br>• Quais são os resultados esperados? | • A. PASSADO Quais são os fatos, opiniões, informações, experiências, circunstâncias? <br>• B. FUTURO Possíveis soluções <br>• Adiar o julgamento crítico. <br>• Ver as coisas sob diversos pontos de vista. Exposição e perguntas. Gerar ideias/ "ordenhar cérebros". "Piramidar". Clima de "caos organizado". | • Quais são os critérios para decisão? <br>• Quais são as possíveis soluções/decisões? <br>• Quais são as consequências das decisões? <br>• Usar o Pensamento Convergente. <br>• Ceder para o grupo. Transformar opiniões individuais em opiniões do grupo. | • Focalizar o problema. <br>• Decidir segundo os critérios/premissas. <br>• Avaliar novas alternativas. <br>• Avaliar as consequências <br>• O que preocupa na implementação? <br>• Elaborar Planos de Ação: <br>• O que fazer? <br>• Quem? Quando? <br>• Como? Onde? Follow-up, etc... <br>• Sentimento de que: é isto que queremos (intuição). <br>• Consentimento X Consenso. | • O que senti em relação a mim e aos outros? <br>• O que observei/aprendi em relação ao conteúdo, interação e procedimento? <br>• Quais são as sugestões quanto ao Processo? <br>• Atingimos o objetivo? <br>• REGRAS <br>1. Não vale réplica <br>2. Prender-se aos fatos observados (Foco no processo. Não interpretar). <br>3. Saber ouvir, ter humildade |
| • Identificar o desafio <br>• Organizar o Processo | • Construir uma imagem comum | • Transformar opiniões pessoais em opiniões do grupo | • Identificar o desafio <br>• Organizar o Processo | • Abertura <br>• Desenvolvimento Integrado |

Depois do almoço, mais um exercício artístico, o da pintura em aquarela. É uma experiência que ajuda a entender as Relações. Formam-se grupos novamente de cinco ou seis pessoas, e cada uma tem uma folha de papel Canson. Nesse caso, a proposta é que as pinturas não sejam concretas. A pintura é coletiva e ocorre em silêncio. Cada um escolhe uma só cor e, depois de pintar movimentos ou superfícies, passa sua folha para o colega que acrescenta a sua cor, e assim por diante. Essa é a única regra. As conclusões são tiradas a partir de como foi feita a pintura: se os integrantes de um mesmo grupo procuraram somar cores, se um apagou a do outro, se houve uma intenção de somar ou de isentar-se simplesmente do processo, o que em situações coletivas pode indicar uma atitude egoísta. A intenção aqui é levantar a capacidade de cada um auxiliar o outro individualmente, a qualidade das relações e analisar até onde cada um está disposto a ir, na prática, para se conectar, contribuir ou quem sabe, boicotar o trabalho conjunto. Ao mesmo tempo, fica claro que os grupos são a somatória do fazer de cada um e que têm por isso mesmo a sua própria identidade; nenhum deles se parece entre si. Estimulados por Juarez, os grupos percebem o que se pode deduzir do exercício:

## Atividade artística com aprendizado

Lição número 1: a pessoa se autoconscientiza do que está ocorrendo com ela, e tem condições de avaliar de que forma atua no grupo (esse por sua vez, funciona como um espelho para os seus integrantes).

Lição número 2: somente o autoconhecimento pode gerar o auto-desenvolvimento.

Lição número 3: o grupo só se desenvolve como grupo na medida em que cada um tem noção de si mesmo e de seu papel no todo.

Tudo isso vai ficando cristalino quando os participantes começam a discorrer sobre a sua maneira de realizar o exercício. Tenho que revelar que algo de muito interessante aconteceu comigo enquanto eu os ouvia falar. Não sei explicar por quê. Mas foi como se a coluna tivesse dado um estralo e se encaixado, como acontece às vezes quando estamos nos submetendo a uma massagem. Agora as coisas pareciam que, ao menos, começavam a caminhar na direção correta.

Na manhã seguinte, Juarez fala das fases da vida. Os olhares estão para lá de atentos. Tenho a impressão de que alguns nunca haviam parado para pensar em suas próprias vidas. Ele relaciona algumas características de cada setênio (Veja gráfico abaixo). Eles ficam surpresos em saber que dos quarenta e dois anos em diante, nossa capacidade de realização é mais forte, na medida em que libertamos o pensar dos preconceitos, das opiniões e generalizações que vem de fora, que adquirimos presença de espírito para nos concentrarmos em fazer o que de fato é essencial e necessário. Nesse período, ele alerta, damos início à nossa fase mais sábia e, à medida que os primeiros sinais de declínio físico se façam presentes, o psíquico e o espiritual podem e devem ganhar mais espaço. Olho em volta, vejo que não é só uma impressão. As pessoas estão de fato deslumbradas com a apresentação daquele novo universo. Alguém ousa quebrar o clima e pergunta o que isso teria a ver com o fato de estarmos buscando soluções para os problemas financeiros da empresa. Juarez então, com a paciência que os consultores devem cultivar, faz uma explanação ampla sobre a necessidade de autoconhecimento; o estudo da própria biografia é uma forma de compreendermo-nos de maneira mais objetiva, descobrindo os nossos potenciais e encontrando o caminho de transformá-los em habilidades. Como já exposto anteriormente, o autoconhecimento é que nos estimula ao autodesenvolvimento. - Só podemos mudar um ambiente ou uma cultura se as pessoas mudarem. E para isso é preciso que elas se conheçam um pouco mais -, diz ele, indicando uma nova perspectiva.

O Executivo Consultor - *renasce uma empresa* | Bernhard Walzberg

## AS FASES DE DESENVOLVIMENTO DO SER HUMANO

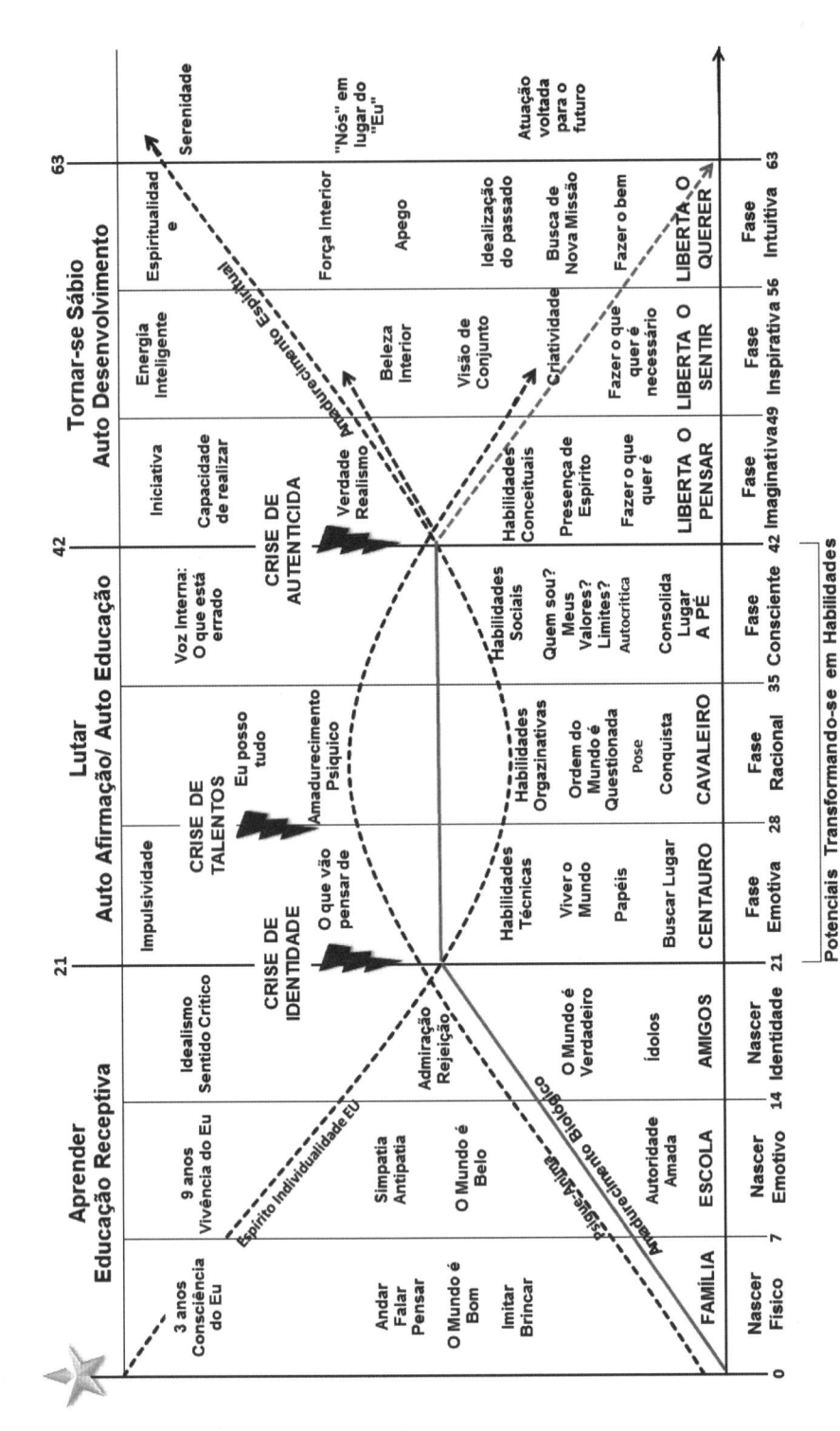

| | Aprender<br>Educação Receptiva | | | Lutar<br>Auto Afirmação/ Auto Educação | | Tornar-se Sábio<br>Auto Desenvolvimento | | |
|---|---|---|---|---|---|---|---|---|
| | 3 anos<br>Consciência<br>do Eu | 9 anos<br>Vivência do Eu | Idealismo<br>Sentido Crítico | Impulsividade | Voz Interna:<br>O que está<br>errado | Iniciativa<br>Capacidade<br>de realizar | Energia<br>Inteligente | Espiritualidade<br>e<br>Serenidade |
| | | | | **CRISE DE IDENTIDADE** | **CRISE DE TALENTOS** | **CRISE DE AUTENTICIDA** | | |
| | | | Admiração<br>Rejeição | O que vão<br>pensar de | Eu posso<br>tudo<br>Amadurecimento<br>Psíquico | Verdade<br>Realismo | Força Interior | "Nós" em<br>lugar do<br>"Eu" |
| | Andar<br>Falar<br>Pensar | Simpatia<br>Antipatia | O Mundo é<br>Verdadeiro | Habilidades<br>Técnicas | Habilidades<br>Organizativas | Habilidades<br>Conceituais | Beleza<br>Interior | Apego |
| | O Mundo é<br>Bom | O Mundo é<br>Belo | Ídolos | Viver o<br>Mundo | Ordem do<br>Mundo é<br>Questionada | Presença de<br>Espírito | Visão de<br>Conjunto | Idealização<br>do passado |
| | Imitar<br>Brincar | Autoridade<br>Amada | | Papéis<br>Pose | Quem sou?<br>Meus<br>Valores?<br>Limites?<br>Autocrítica | Fazer o que<br>quer é | Criatividade | Busca de<br>Nova Missão |
| | | | | Buscar Lugar | Conquista | Fazer o que<br>quer é necessário | Fazer o bem | |
| | FAMÍLIA | ESCOLA | AMIGOS | CENTAURO | CAVALEIRO | Consolida<br>Lugar<br>A PÉ | LIBERTA O<br>PENSAR | LIBERTA O<br>SENTIR | LIBERTA O<br>QUERER |
| | Nascer<br>Físico | Nascer<br>Emotivo | Nascer<br>Identidade | Fase<br>Emotiva | Fase<br>Racional | Fase<br>Consciente | Fase<br>Imaginativa | Fase<br>Inspirativa | Fase<br>Intuitiva |
| | 0  7 | 14 | 21 | 28 | 35 | 42 | 49 | 56 | 63 |

Potenciais Transformando-se em Habilidades

- 58 -

Eu, que costumo optar sempre pelo racional, dando pouca chance para o meu sentir, não estava decepcionado com Juarez, mas por vezes sentia certo temor interno que até eu mesmo tinha dificuldade de aceitar. Sabia que ele estava certo ao mostrar o espelho em todas as oportunidades que surgiam. Ele procurava ressaltar como as coisas são ou como estão, como foram e como poderiam vir a ser caso houvesse um envolvimento maior de todos. E, por mais que eu soubesse que esse era o caminho que tínhamos escolhido, não podia deixar de sentir um frio no estômago motivado ainda pela incerteza se essa realmente era a direção que deveríamos seguir. Será que eles vão acompanhar essa proposta, estarão prontos a embarcar num processo de gestão participativa, se nem sequer se dão conta de seus papéis individuais? Será que daremos conta, será que darei conta?

## A Dinâmica da Transformação

No período da tarde, os grupos detalharam o plano de ação do Processo Decisório e atribuíram-se responsabilidades individuais e coletivas. A ideia era fazer com que dois grupos ficassem com o tema Identidade e outros dois com Relações, já que esses tinham sido os primeiros assuntos identificados no diagnóstico. A questão agora era aprofundar um pouco mais as razões disso.

O Processo Decisório é realizado em cinco etapas:

Fase 1: Enunciar o Problema, identificar qual é o desafio e como organizar o processo. No nosso caso, o grupo formado por mim, Valdomiro, Marcos, Fred e Vagner, sob a coordenação deste último, dedicou-se à questão das Relações. Identificamos principalmente que havia uma série de problemas de comunicação inadequada.

Na Fase 2, partimos para a segunda etapa: Formar uma Imagem sobre o problema. Essa fase é dividida em:

Passo A - O que cada um entendia o que o passado trazia em termos de problemas de comunicação. Por exemplo: a liderança é técnica e não valoriza os aspectos humanos. Outro fator importante, a herança dessa liderança impositiva do passado solapou o terreno para o desenvolvimento de práticas participativas, como delegação de responsabilidades, da definição de resultados a serem atingidos, e não da distribuição de tarefas. As nossas reuniões não eram produtivas, gerando resultados insatisfatórios e atitudes pouco construtivas. Parecia que dentre os processos que tanto orgulho davam ao meu predecessor, a comunicação não estava contemplada.

Uma questão de relevância foram as diferentes formas de não assumir responsabilidades: reuniões para as quais se convida um grande número de pessoas, além dos envolvidos, dificultando a tomada de decisões; convocações por e-mail que podem gerar uma infinidade de justificativas (não posso nesta data, porque...) e de contrapropostas etc. que posterga *ad infinitum* uma solução para uma determinada situação; falta de clareza nas instruções o que permite à pessoa justificar depois que não pode realizar, pois entendeu errado; decisões que envolvem outras pessoas são tomadas sem que os envolvidos sejam comunicados. Ocorre o famoso efeito espuma. O resultado são frases evasivas do tipo, "Não é meu problema"; "Não depende de mim"; "Não posso fazer nada"; "Já informei a área responsável, estou aguardando instruções".

No Passo B da Formação da Imagem, devemos imaginar as soluções possíveis de resolver o problema. Ouço uma série de baboseiras e tudo isso começava a me irritar; nessas alturas perco a fleuma. Pergunto ao grupo: - Como isso pode acontecer? Vocês são profissionais ou não são? - Juarez então pede calma e lembra a todos (entendo que o recado é para mim, sobretudo) que estamos ainda na primeira fase, o que significa que devemos levantar todas as possíveis soluções, não devemos julgar nem discutir. No *brainstorming*, todas as ideias são válidas. E ressalta: - Às vezes as mais absurdas são as que estimulam a criatividade gerando soluções inovadoras. Comunicação é mais arte do que técnica. Não se preocupem em dar sugestões que aparentemente não têm pé nem cabeça. Se uma ideia maluca desperta alguma coisa em algum participante do grupo, então ela é válida. Uma ideia sobreposta à outra aparentemente maluca, piramida novos conceitos, novas formas de atuação. Essa é a intenção.

Então alguém arrisca um palpite: – Ocorre que estamos dando mais importância aos processos do que às pessoas –. E pela primeira vez surge uma reação coletiva, espontânea, todos riem de forma aberta. Juarez mais uma vez chama atenção para a importância dessa fase do processo. A questão é reunirmos tudo o que achamos que possa contribuir para a solução; devemos expor tudo o que pensamos sem entrar em explicações ou justificativas.

Na busca de soluções, surgem algumas alternativas interessantes para melhorar a comunicação no futuro. Fazer uma pergunta aberta: "o que você sugere?", "como você imagina que podemos resolver tal problema?" "quais são as alternativas que ocorrem a você?" ao invés de "vocês não acham que deveríamos fazer tal coisa". É a técnica das perguntas abertas que estimula o pensar e não algo que redunde em sim ou não como respostas. Outras sugestões: evitar e-mails, preferindo falar pessoalmente ou pelo telefone quando se tratar de tomar uma decisão urgente que dependa de mais de uma área; fazer reuniões semanais informativas, que mantenham o conhecimento de todos da equipe nivelado; planejar e organizar as reuniões de forma que sejam eficazes e realizadas dentro do tempo previsto, e convidando apenas às pessoas que devem participar e que podem contribuir de fato.

Alguém traz uma sugestão que pega no meu ponto fraco: devemos ter uma liderança participativa. E embora eu saiba muito bem disso, "por enquanto, não há como afrouxar as rédeas do processo", penso com os meus botões e me calo.

Na Fase 3 do Processo Decisório, passamos ao Julgamento. Aqui sim o objetivo é separar o joio do trigo, ver quais sugestões de fato contribuem para possíveis resultados. Juarez explica que consenso é entre as pessoas, ou seja, pertence ao grupo e nesse sentido, a decisão é sempre do grupo. O objetivo aqui é transformar decisões individuais em coletivas. Selecionam-se, entre as muitas sugestões levantadas na fase anterior, aquelas que o grupo pensa terem maior possibilidade de resolver os problemas e, portanto, de implantação.

Na Fase 4, Decisão ou Solução, selecionamos três soluções a saber:

- perguntas sempre abertas
- preferência por comunicações pessoais
- tornar as reuniões mais produtivas

Agora é partir para um plano de implantação que a liderança já pode colocar em prática, por exemplo: desenvolver a técnica das perguntas abertas. Elaboram-se planos de ação para cada uma das três soluções.

Na Fase 5, Avaliação do processo todo, a temperatura subiu um pouco. Afirmei que julgava que, não fosse a presença de Juarez, o processo teria desandado completamente e que alguns integrantes do grupo desviaram-se do assunto mais importante, como de hábito.

Marcos, gerente financeiro que se reporta a George e tem um perfil bastante diverso do que se espera de homens de finanças, talvez por ser ainda jovem, declarou que durante o processo sentiu-se cortado nas vezes em que dava ideias, o que reduziu a sua vontade de participar.

Na opinião de Fred, gerente de Qualidade, o processo era encantador, "talvez porque ele se sentisse tolhido à sombra de Marlos no dia a dia", não pude deixar de pensar. - Me pareceu instigante conhecer o processo decisório porque na área de qualidade usamos metodologias para a correção dos problemas, mas nenhuma é tão abrangente -, arriscou ele.

- Nunca imaginei que a atitude tivesse tanta importância para o sucesso dos trabalhos. Foi uma surpresa que me deixou um tanto atônito, já que se for isso mesmo teremos muito a desenvolver pela frente -, foi o comentário de Vagner. E revelou algo que eu não esperava ouvir de um engenheiro de produção, muito menos de um funcionário de Marlos, pelo menos não com essa sinceridade: - Quando se convive há muito tempo com outras pessoas a tendência é de menosprezar o que vem do outro, ao invés de construir algo em conjunto –. Será que entendi direito? É essa a tônica da empresa que agora começa a ser revelada ou esse era um comentário da sua experiência de vida?

Agora chegou a hora de apresentarmos no plenário o trabalho desenvolvido, e trocar nossas experiências com os outros grupos. Depois da apresentação de cada grupo é o momento de trazer as perguntas que surgiram durante o processo. Abro a sessão:

– Qual a diferença entre um líder e um coordenador? – pergunto a Juarez.

– Qual a sua concepção de líder e coordenador? – rebate ele, como sempre.

– Acredito que o líder é aquele que faz com que a equipe atinja o resultado e o coordenador é aquele que acompanha o processo que está sendo realizado, organiza, orienta.

Juarez – Qual a diferença então?

Sou obrigado a confessar honestamente que não sei onde ele está querendo chegar.

– Coordenador e líder são em princípio a mesma coisa: a função é levar o grupo a obter um resultado. A imagem ideal do líder é a do líder servidor. Ele está coordenando o esforço da equipe. Ele tem o papel de selecionar e corrigir o rumo das discussões quando elas começarem a sair do tema e dos procedimentos propostos e ajudar o grupo a otimizar suas inter-relações.

Vagner volta à questão das atitudes: – Gostaria de entender melhor a questão das atitudes e por que são tão importantes no Processo Decisório?

## A atitude correta faz a diferença

Juarez expressa sua satisfação em poder trabalhar esta pergunta:

– Em cada uma das fases do Processo Decisório há uma atitude mental adequada.

Para a 1ª Fase, a da Enunciação do Problema ou da pergunta, a atitude adequada é entender e definir, não discutir, detalhar ou solucionar.

Na 2ª Fase, Passo A da Formação de Imagem que se refere ao passado até o presente, deve-se manter uma atitude de abertura, de aportar todos os fatos, dados e informações que cada um possui. É uma atitude de ouvir com atenção para entender profundamente a situação. Não importa que esteja de acordo ou que "goste" das informações. Nesta fase não deve haver atitude crítica ou de discussão.

Ainda na 2ª Fase, agora no Passo B da Formação de Imagem que se refere ao futuro, ou seja, à busca de soluções, a atitude é de criatividade, de confiança: Aqui, não criticar é fundamental. Também quem contribui com uma sugestão ou ideia não deve justificar, esclarecer ou defendê-la. A atitude é a de "dar um presente".

Na 3ª Fase, a do Julgamento, a atitude passa a ser de análise crítica. O que contribui, o que funciona, quais são as dificuldades que cada sugestão gerada na Fase 2 B pode causar, quais são as sugestões mais viáveis para solucionar o problema definido na Fase 1? Uma atitude de discussões objetivas deve levar o grupo a encontrar a convergência de opiniões.

N 4ª Fase, da Decisão ou Solução, a atitude muda para uma de "querer fazer". Qual ou quais são as ideias que queremos implantar e como?

Finalmente na 5ª Fase, da Avaliação, a atitude é a de aprender com o que aconteceu durante a reunião: abertura para as colocações de cada um e na colocação das próprias observações. O que se aprende nesta reunião deve servir para melhorar a próxima.

Muitas outras perguntas e respostas são trabalhadas. Juarez aproveita para dizer que, em qualquer processo de desenvolvimento organizacional, o primeiro passo é entender e aplicar o Processo Decisório, visto que ele consegue organizar as reuniões e levar a decisões de consenso. Ele pode ser utilizado para pequenos ou grandes problemas, pode levar meia hora ou dias, dependendo da complexidade do assunto. No entanto, de acordo com sua experiência, as reuniões tornam-se mais eficazes, mais produtivas e, portanto, mais curtas.

Estávamos chegando ao término do *workshop*. Já olhando para o futuro, passamos a refletir sobre nosso processo de autodesenvolvimento para estabelecer de que maneira contribuir; o que pode e deve ser feito para melhorar. Vou desenvolver a arte de fazer perguntas abertas, vou pedir que alguém me alerte quando eu voltar à atitude autocrática e não estiver envolvendo os outros nas minhas decisões, por exemplo, "vou ouvir mais", prometi para mim mesmo. Cada um anotou um compromisso (no máximo dois) e partimos para um trabalho em trios. Os compromissos são discutidos. A essas alturas, para estimular não só o Pensar e o Sentir, as pessoas eram motivadas a mostrar como iriam colocar em prática esses compromissos, isto é, o Querer. Finalizando este exercício, cada um descreve em plenário, um compromisso assumido: não apenas o que pretendia fazer, mas como pretendia lidar com as dificuldades previstas para a realização. Juarez foi taxativo: - Recomendo que vocês pensem no que vai mudar já a partir de segunda-feira na forma como cada um de vocês atua.

Pareceu-me uma sugestão muito válida, porém, como sempre, duvidosa; achava que nem eu nem nenhum dos outros presentes teríamos coragem e disponibilidade para começar diferente na segunda-feira. Confesso que me lembrei dos intermináveis regimes de minha esposa Marlene que nunca davam em nada.

Viu-se de tudo um pouco naquele dia. Juarez havia me explicado que o objetivo era despertar o Sentir para sair do intelectual e mais, para escapar do jeito autômato que a rotina e as pessoas tendem a ganhar quando entram num período de inércia como aquele que estávamos vivendo, a despeito da crise. Da minha parte, não foi pouco buscar atitudes que eram o contrário de todo o meu condicionamento como executivo de sucesso, cuja essência eram as decisões racionais, rápidas, tendendo a autocráticas, sem "perder tempo com o sentir". Será um enorme desafio mudar a minha maneira de ser; disso sim, não tinha a menor dúvida.

## Na volta para o aeroporto

– Desculpe Juarez, mas ainda me preocupo com a questão prática: Como tudo isto vai resolver nossos problemas?

– Entendo estas dúvidas, que você já havia expressado antes. Mas talvez para que as coisas comecem a se tornar mais claras, sugiro que você observe nos próximos dias se houve alguma mudança positiva na empresa. Depois disto podemos decidir a forma de dar continuidade ou não ao processo. Também gostaria de propor apoiar você em otimizar seu estilo de liderança (afinal o exemplo parte de cima). Para isto, gostaria de sugerir que eu acompanhe suas reuniões durante três dias. Assim podemos avaliar em conjunto quais os próximos passos. Também gostaria de enfatizar que o Processo Decisório permite melhoras drásticas na eficácia das reuniões quando o processo é realmente aplicado de forma sistemática. Mas não espere soluções milagrosas. O importante são os pequenos avanços, que demonstram uma inversão de tendências. Como você acha que poderá percebê-los?

– Você é mesmo um cara diferente. Continua a me fazer perguntas quando deveria apresentar soluções.

Já não estou mais tenso, dou risadas com Juarez. Digo a ele que senti algo de muito importante no que acabamos de viver, que nunca vi as pessoas se colocarem dessa forma aberta e construtiva, em toda a minha trajetória de executivo, mas não vejo como os problemas serão resolvidos. Será que esses planos de ação vão funcionar? De onde tiraremos as soluções verdadeiras para os nossos problemas?

– Você tem razão –, diz ele. – Nada muda de um dia para o outro, a cada vez que vivemos um processo desse tipo, a gente avança um pequeno passo. Mas tente imaginar o seguinte: daqui a alguns meses você terá uma soma de pequenos passos que terão dado certo. Imagine uma série de pequenas melhoras. O que você acha que isso vai gerar na organização?

– Se forem muitas, pode ser que isso até contribua para melhorar os nossos resultados, mas eu ainda não estou convencido de que isso irá acontecer.

– Mas você achou que o retiro foi útil. Na sua avaliação, apontou que havia visto muitos benefícios. E não se esqueça de que pelo nosso cronograma teremos ainda outros dois retiros.

– Sim, mas precisamos conversar muito antes para tirar o melhor proveito possível desses próximos.

– Gostaria de ressaltar ainda outra questão –, explica Juarez. – Você está mexendo nas Relações e na Identidade, o que representa sim, mudanças de atitude e, ao longo do processo, da cultura. A mudança começa em cada um dos envolvidos no processo e, sem sombra de dúvida, cada um tem suas travas, suas dificuldades e seu próprio ritmo. O que tentamos fazer aqui é estabelecer elementos e objetivos em comum que possibilitem o avanço do grupo, apesar dos limites individuais. E, é claro, torcermos para que essas sementes floresçam em todos, de forma que eles não tenham mais como voltar atrás depois desse processo. Isso é o que ocorre quando desenvolvemos a consciência: uma vez que abrimos uma nova dimensão, não há como ignorá-la, é um caminho sem volta, estimulando uma contínua expansão.

## MEUS PENSAMENTOS

*O encontro desarmado, ouvindo e fazendo perguntas, o genuíno interesse pelo outro, abrem as portas para relações de confiança e nos permitem usar toda a criativa dinâmica do trabalho em grupo.*

# 5

# O melhor dos mestres, depois do Juarez

> *Não é isso que importa, que eu tenha uma opinião diferente da do outro, mas sim que o outro venha a encontrar o certo a partir de si mesmo se eu contribuir um pouco para tal.*
> **Rudolf Steiner**

Agora, o desafio era colocar o trabalho iniciado no **primeiro retiro** em prática, aquela que nos permite aprender, de fato. Juarez havia explicado que, para mudar nossas atitudes, seria necessário um treinamento no dia a dia. Iniciando por mim mesmo, o processo previa uma etapa denominada *shadow coaching*, período de três dias em que o Juarez me acompanharia em minhas reuniões com os líderes para analisar a minha maneira de liderar e a forma como cada um deles tendia a reagir. Adicionalmente, depois do *shadow coaching*, Juarez se ofereceu para acompanhar algumas reuniões em diversos níveis para apoiar a introdução do Processo Decisório. Da minha parte, eu faria reuniões com os líderes para decidir em conjunto que ações nos permitiriam encontrar saídas imediatas e configurar uma nova cultura baseada em nova qualidade das relações pessoais – seria uma forma de introduzir gradualmente novos parâmetros, buscando escapar das ciladas e dos vícios individuais ou coletivos, e permitindo que todos se imbuíssem de um novo espírito de grupo. Juarez garantiu que eu mesmo teria condições de dar início a esse processo. Eu tinha lá as minhas dúvidas, já que as questões prementes me tiravam a tranquilidade, mas estava disposto a tentar.

Apesar do clima de otimismo e, por que não, quase de esperança que pairava sobre o ambiente – palavra inadequada num ambiente corporativo, mas que ganhava força considerando o milagre que deveria nos tirar daquela situação – eu andava bastante cético. Principalmente porque, passadas duas semanas, a impressão é que na prática a teoria é uma intrusa que veio apenas colocar defeitos, criticar sem nos dar pistas de como chegar lá. Nós estávamos todos inseguros com relação à aplicação do Processo Decisório, tarefa que nos tinha sido pintada como o primeiro exercício rumo à mudança. Juarez insistia que era necessário praticar. Mas aparentemente as urgências nos impediam de dar o primeiro passo; estávamos assolados com problemas pontuais que nos tiravam o sono e toda aquela teoria era quase descabida. Juarez queria saber quais eram os efeitos de aplicação do Processo Decisório.

– Nenhuma –, respondo, – não estamos conseguindo sequer pensar nisso.

– Sei que estamos num primeiro momento do processo de desenvolvimento da empresa e, como já havia explicado antes, este é um processo longo principalmente quando se trata de atuar sobre Relações e Identidade –, diz Juarez.

– Acontece que temos urgência, e aplicar o Processo Decisório tem soado um esforço maior do que o que podemos fazer no momento, diante de tantas inseguranças como as que estamos vivendo –, replico.

Peço a ele então que me acompanhe e me ajude a orientar os líderes que participaram do Retiro durante as reuniões que já estavam programadas para aquela semana.

– Vamos fazer assim. Eu me proponho a acompanhar você e ficar observando suas reuniões e ao final delas – não pretendo interromper em nenhum momento – dar um *feedback* referente a seu estilo de liderar. Acho que essa será a maneira mais correta de conduzir esse processo. Não vou interferir em nenhuma discussão. Quero apenas observar.

– Já que você vai investir esse tempo não seria mais produtivo participar como coordenador das reuniões?

Negativo. Juarez explica que são efetivamente dois papéis diferentes. Um de coordenador e o outro de observador, não participante. E que, nesse momento, a questão é olhar atentamente de fora para analisar com frieza onde estão as dificuldades de processo ou de relacionamento que não estão deixando que o PD comece a ser aplicado.

## Cego, surdo e nada diplomático

A primeira reunião é de diretoria. São dadas informações gerais sobre a organização e informo que o Juarez está lá para observar. Sugiro que a reunião seja um pouco diferente, que eles busquem, cada um do seu próprio ângulo, fazer uma imagem da situação atual da empresa, a partir das condições da sua área. Sou enfático: peço que procurem descrever a real situação, como se tivessem falando dela para desconhecidos; e como o momento disturba a imagem que divulgamos da nossa corporação.

O primeiro a falar é o Marlos. Ele destaca que o ambiente está bem mais positivo do que se esperava depois das demissões. Confirma que efetivamente os próprios colaboradores estavam percebendo que com a queda de vendas havia gente em excesso nas linhas de produção. O segundo ponto é que continua a ter dificuldades com as entregas das peças compradas acima das necessidades e começa a avaliar porque isso está ocorrendo.

– Estou tentando fazer com que a logística se torne mais eficiente, mas ainda continuamos recebendo aquelas peças que não deveríamos mais estar recebendo –, revela ele. – Isso alimenta a expectativa dos nossos fornecedores de continuarem a manter a entrega dos pedidos de acordo com o nosso planejamento original quando de fato não poderiam mais estar fazendo isso, pois não condiz com a nossa real situação.

Isso tudo me soou bastante falso da parte dele: Pareceu-me uma combinação de justificativa com lançar a culpa sobre outros. Respiro fundo para evitar dizer algo agressivo.

George começa a explicar. Peço que ele não intervenha agora, que aguarde todos se colocarem e possam informar sobre suas respectivas áreas. E busco a confirmação de minha atitude com Juarez. - Não é isso, Juarez?

- Eu não estou aqui, por favor, me esqueçam -, diz simplesmente, Juarez.

Mas Marlos observa que já havia acabado e George retoma a palavra, mas não toca no assunto logística. Parte para dizer que a situação de finanças continua muito apertada com necessidade de empréstimos nos bancos e que ele agora está instruindo o gerente de Suprimentos, o Joaquim para organizar uma reunião com o Ronaldo da Logística e com os Gerentes de Produção e Qualidade. O objetivo é preparar os encontros com cada um dos fornecedores para conseguir a imediata redução do fornecimento. Ele espera já ter terminado as negociações com todos os fornecedores nas próximas duas ou três semanas.

Perco a paciência: - Meus caros, isso não se diferencia em nada do que temos ouvido nas últimas semanas. Onde estão os resultados? Já temos uma redução dos juros, já temos a renegociação dos empréstimos com os bancos que eu havia pedido com urgência? E muito bem que vocês estejam trabalhando junto aos fornecedores, mas, até onde sei, as peças continuam chegando...

George então prefere dizer que não irá se justificar, pois a sua intenção é dar uma informação e manter-nos atualizados na medida em que os avanços forem sendo obtidos e que, conforme o Processo Decisório pede, ele deve descrever os fatos e trazer as informações que permitam a Formação de Imagem objetiva.

- Sugiro que Nilton apresente as informações de sua área, assim quem sabe conseguimos chegar mais perto também de uma solução para essas questões -, interrompo.

Pressiono Nilton a dar continuidade, no intuito de aproximar-se de uma imagem mais concreta dos problemas. Ele resume as informações de que dispõem mostrando gráficos sobre pedidos recebidos que indicam uma pequena melhora nas últimas duas semanas e destaca os atrasos que estão ocorrendo nas entregas.

– Pelo que eu estou percebendo, parece que existe também uma tendência do mercado melhorar –, diz. – Como vocês podem ver, está havendo um aumento de vendas, ainda que bem abaixo das metas previstas para o ano. O plano de trabalho com os distribuidores está em andamento e dentro dos próximos dias vou apresentar uma relação dos principais e a maneira mais adequada de trabalhar com eles.

Mais uma vez intervenho de forma ríspida:

– O que vocês estão me dizendo, em outras palavras, é que não estão conseguindo mudar as coisas. Vejam como eu percebo a situação: a questão de suprimentos e logística não está resolvida; estamos com atrasos de entregas e ainda com a venda bem abaixo das metas. Ainda não falamos com os principais distribuidores, continua faltando capital de giro e não avançamos nas negociações com os bancos. Vocês indicam possibilidades de melhoras, mas elas ainda não se concretizam. Por isso, insisto. O que mais podemos fazer?

Eles passam então às explicações pormenorizadas para justificar o porquê dos não avanços e respiro fundo novamente para continuar de ouvidos abertos. Mas logo volto a pressionar.

– Eu não quero mais ouvir explicações. Creio que o nosso próximo objetivo seja traduzir o que estamos falando em resultados e se vocês acharem adequado conversem entre si para encontrar e definir soluções que levem aos objetivos já definidos anteriormente. Ou vocês preferem que eu interfira em cada uma das áreas?

Encerro a reunião expondo que a minha expectativa é a de que, na próxima, cada um possa apresentar soluções específicas e resultados esperados. Essas são as primeiras duas horas do *shadow coaching*. Todos saem e fico com Juarez.

– O que você achou? – pergunto a ele.

– Ainda é cedo para eu fazer avaliações, gostaria de esperar até o fim do dia para os primeiros comentários.

O dia segue com as reuniões com o segundo escalão, os diretores com seus subordinados. São abordados assuntos como cargos e salários dentro do organograma da organização e ainda questões de ordem financeira como o empréstimo-ponte que virá da matriz.

Ao final do dia, quando estou acertando a agenda com Sonia, sou surpreendido pela pergunta dela:

– O senhor vai fazer uma reunião à parte com o Sr. Marlos e o Sr. Nilton? Acho que mereceria, pois são eles dois os que menos gostam das mudanças que o senhor vem empreendendo, na diretoria. Existem outros em outros escalões, mas são eles que me preocupam, pois são diretores.

– Você tem alguma base para essa afirmação?

– Não tem nada que eu possa dizer, mas a gente ouve um pouco aqui e um pouco ali e, apesar de não ter nada concreto, acredito que eles sejam peças chaves para o senhor começar a mudar qualquer coisa.

– Mas você tem algo mais concreto a dizer?

– Não, não tenho nada definido, a não ser o que eu ouço aqui e ali.

– Então tudo isso não passa de fofoca?

Muito constrangida Sonia diz: – Me desculpe se mencionei isso. Prometo não fazer mais observações desse tipo.

Ao final do dia, Juarez que também havia presenciado esse diálogo, propõe-se a me dar um primeiro *feedback*.

– Para mim foi um dia surpreendente e bastante interessante porque, além de ter a oportunidade de observar a sua forma de liderança, eu tive a oportunidade de conhecer muito mais sobre a organização. Mas gostaria de lhe perguntar uma coisa: como você se sentiu durante essas reuniões, com relação à minha presença e com relação ao seu próprio estilo?

- Tentei envolvê-lo naquele primeiro momento, mas me conscientizei de que não era esse o seu papel. Com relação ao meu estilo, acho que tenho muito que aprender, mas isso não me preocupa nesse momento. Estou mais interessado em ouvir o que você quer me dizer.

Ele me devolve dizendo que gostaria de ouvir como eu percebi a reunião com os diretores.

- De fato é o que estou acostumado a ver, são as mesmas apresentações, a mesma falta de resultados e uma sensação de frustração ao final da reunião.

- Como você acha que ficou o clima no término da reunião?

- O pessoal saiu daqui com instruções do que fazer.

- Não estou perguntando sobre o resultado, mas sobre o clima, como se sentiram.

- Acho que tenho que pensar um pouco, mas creio que fiz com que eles sentissem essa minha frustração.

- Qual o efeito que você espera obter depois dessa reunião?

- Realmente saíram daqui meio de cabeça baixa.....

- Ao transmitir essa frustração à sua equipe, o que você pretendia?

- Na realidade, nem pensei muito nisso, só queria que eles vissem que como as coisas estão não podem permanecer; isso me pareceu fundamental deixar registrado.

- E como você poderia tê-los estimulado de uma forma construtiva?

- Para mim é muito difícil atuar no nível do estímulo diante dessa conjuntura.

- E o que teria acontecido se você tivesse aceito as apresentações, destacado os lados positivos mesmo que sejam muito poucos, e sem demonstrar frustração ter indicado especificamente os resultados objetivos que você busca de cada um?

– É, eu imagino que eles teriam saído daqui com mais disposição...

– Então dá para perceber que aí poderia haver um caminho?

– Mas você verificou essa mesma atitude da minha parte nas outras reuniões?

– Nesse primeiro dia estou me concentrando em situações pontuais, mas no final do terceiro posso dar uma ideia mais geral do que percebi sobre as atitudes. Quero ainda fazer outra pergunta: como você viu a conversa com a Sonia?

– Eu realmente não achei que o papel dela era me informar sobre as atitudes de meus subordinados.

– Isso não poderia ser útil pra você?

– Ela não tinha nada de concreto para me dizer.

– O que teria ocorrido se você tivesse estabelecido um diálogo com ela, sem encostá-la na parede? Você imagina que ela poderia ter dado mais informações a você? Você poderia imaginar que ela ficou constrangida com o seu tom e rapidamente entrou na defensiva?

– Realmente é algo que eu preciso pensar.

– Concluindo, gostaria perguntar se chegamos aos resultados propostos com relação ao que gostaríamos de ter tirado das reuniões de hoje, ou seja, os participantes conseguiram avançar para a parte onde construiriam imagens?

Não havia o que retrucar. Realmente não avançamos como seria desejável. Consenti com meu silêncio.

Juarez acompanhou com interesse as reuniões nos dois dias seguintes, inclusive uma grande com a presença da maioria dos líderes, quase 50. Apresentei junto com George e Valdomiro a nova estrutura organizacional. E o tempo todo Juarez se manteve calado. Em alguns momentos, nem lembrava que ele estava ali, mas isso mudou inteiramente quando nos reunimos para as conclusões finais.

- Sabe, às vezes até me esqueci de você, mas para mim ficou forte um sentimento de consciência do meu estilo de liderança. Percebi que algumas coisas terei que mudar mesmo.

- Por exemplo? - disse ele.

- A primeira coisa que, olhando retroativamente, eu percebi, é que devo ouvir com mais atenção; isso já está se tornando uma repetição. Eu tendo imediatamente a julgar o que a pessoa está me trazendo e com as primeiras informações que ela me dá já começo a imaginar uma solução. Quando isso ocorre, dou início a um processo só meu, disparo a falar e entro num turbilhão de alternativas que me parecem todas válidas dentro do meu raciocínio e obviamente dentro do modo como eu imagino que eu implantaria uma determinada solução, com pulso firme, de maneira pragmática mesmo. Esqueço que as coisas podem não ser bem assim e que o *timing* das respostas às nossas atitudes concretas não é o mesmo que imaginamos. Algo sempre pode sair do controle, não é mesmo?

Assim, eu perco a chance de ouvir alguma ideia que não seja minha e que seja mais efetiva. Outra percepção que eu tive é que eu tendo a dominar as discussões. Eu sempre tive a impressão que o líder tem que tomar as decisões, mas estou aprendendo que elas devem ser da equipe e não só minhas e isso eu ainda não consegui realizar.

- Veja, parece que o que você percebeu até aqui é a essência do seu estilo, mas eu gostaria de acrescentar uma coisa ainda. Desde o início de cada reunião, você entrou de forma objetiva e factual. Eu tive a impressão de que faltou um pouco o sentimento, o calor humano, a percepção das pessoas e não só dos resultados. Você cumprimenta as pessoas de maneira afável e simpática, mas logo em seguida inicia a reunião concentrado em resultados. Ficou-me uma pergunta: Como você poderia integrar pessoas com resultados? Gostaria ainda de destacar que o seu estilo de liderança é eficaz, uma vez que você tenha estabelecido um relacionamento humano e pessoal com sua equipe. Portanto, não tente mudar o seu estilo, mas acrescentar a ele essa faceta humana. Leve em consideração que o líder tem que ser autêntico.

Não adianta tentar implementar uma "técnica" de liderança que não corresponda à sua personalidade. Por exemplo, para respeitar a autoestima das pessoas, você tem que começar por desenvolver a própria autoestima.

## Integrar pessoas e resultados no estilo de liderança

– Agradeço. Acho mesmo que integrar as duas coisas deve ser o meu grande desafio daqui para frente, Juarez. É isso mesmo. No momento em que conseguir isso terei dado o pulo do gato, não é mesmo?

Ele apenas sorri.

Juarez diz ainda que o processo de desenvolvimento que ele propôs tem como objetivo obter os resultados que a empresa precisa através das pessoas e não apesar delas. E me lembra didaticamente, como se eu tivesse a obrigação de saber disso, de que cada empresa, a exemplo do indivíduo, desenvolve ao longo da sua vida essa identidade que se expressa principalmente através da história, princípios, valores, conceitos, posturas, atitudes que formam o que se convencionou chamar de "cultura organizacional", e que somente tomando consciência dos processos evolutivos de cada um e do todo, será possível integrar os indivíduos e reintegrar a organização. Enfatiza que esse processo de amadurecimento deverá considerar que o Pensar, o Sentir e o Querer são faculdades espirituais, tanto no âmbito individual quanto no coletivo, que precisam caminhar de forma equilibrada e harmônica, dentro de uma transformação à altura do que estamos buscando.

A frustração me pegou feio dessa vez. Diria mesmo que estava deprimido. Quando cheguei a casa Marlene percebeu no ato, meu estado de espírito.

– O que está acontecendo com você? Reconheço essa expressão, mas quero crer que ela não queira dizer que você vai desistir do processo com o Juarez. Pelo que conheço de você, a essas alturas você já deve estar arrependido de ter se lançado nesse projeto e deve estar considerando-o insano.

– De fato, vou pensar a respeito em rascunho e depois passar a limpo para você. Desculpe-me a ironia. Mas é que o Juarez está me dizendo que para a empresa mudar eu tenho que mudar também. Eu sou uma pessoa de ação e o que ele está me pedindo é muito mais a atitude de um consultor ou facilitador do que de um dirigente. O que ele está me dizendo é que devo começar a utilizar as energias que estão disponíveis para direcioná-las para os resultados que a organização precisa. Mas como vou fazer isso?

Como vou mudar de meu estilo de fazedor para um estilo de integrador se as soluções para mim são óbvias? É difícil não dizer à minha equipe o que e como fazer. Essa mudança que o Juarez propõe, que eu defina os objetivos maiores e deixe sob a responsabilidade de cada líder definir o como, apoiando-o nesta busca com perguntas abertas e alternativas e, depois, junto com ele avaliando os resultados, para mim é ainda algo quase impossível de implementar. Ele ainda alega que, de acordo com as fases da vida, a minha "fase de desenvolvimento" é favorável, já que estou numa idade em que posso começar a desenvolver sabedoria, transformando os impulsos de agir em atitudes que facilitem a ação da equipe para que ela obtenha resultados. Talvez eu possa começar a praticar as tais das perguntas abertas e desenvolver a minha capacidade de ouvir que eu confesso, não é muito boa, nem na minha vida pessoal.

Você e os meninos não vivem me dizendo que sou muito prático demais? Que não consigo embarcar no que me contam principalmente quando as estórias requerem um pouco de imaginação? Não sei como explicar para você, mas aparentemente o que eu preciso aprender é ouvir mais.

– Isso é uma ótima ideia –, diz minha mulher. – Nesses 15 anos em que estamos juntos, já aprendi até a te desculpar de algumas falhas nesse sentido. Mas os meninos precisam de toda atenção, principalmente porque agora eles começam a colocar em prática tudo aquilo que nós ensinamos a eles, não é mesmo? Talvez seja um ótimo exercício para você estabelecer uma nova relação com eles. Comece a praticar com eles. Acredite, pode ser bastante divertido.

Com essas palavras da minha esposa, minha autoestima acabou de despencar. Dispensei o jantar e me retirei para meu quarto. Não preciso dizer que me sentia com total ausência de ânimo.

## MEUS PENSAMENTOS

*O líder pode ser autocrático ou pode ser um facilitador/coordenador. Os muitos cursos e estudos que fiz sobre liderança sempre enfatizaram que esta deve ser situacional. No entanto, a recomendação mais frequente é que a liderança facilitadora, servidora é a que cria as condições para que indivíduos e grupos possam desenvolver-se e assumir conscientemente suas responsabilidades.*

# 6

# A diferença entre um bando e um time – Uma equipe em construção.

No dia seguinte, Juarez contribui para minha frustração. Pergunta o que penso da qualidade das reuniões (que de fato estão muito menos objetivas do que poderiam) e quais as questões relevantes para a mudança de cultura que estamos discutindo. E com relação aos problemas propriamente ditos, pergunta se os participantes ainda discutem os temas sem entrar realmente nos fatos antes de partir para discutir soluções; ou seja, que o Processo Decisório ajudaria a tornar essas reuniões mais produtivas.

Só posso concordar quando Juarez propõe assumir o papel de coordenador para ajudar na aplicação do PD, pois alega que essa aplicação ajudará a minimizar o achismo, as influências dos interesses pessoais e da política interna. E destaca:

– A agenda que você atendeu durante esses três últimos dias indica que você e boa parte dos executivos estão quase continuamente em reuniões. Então eu pergunto: você procura de vez em quando um espaço para refletir, planejar, revisar situações, espaço em que você consegue sair da tensão contínua que, sem dúvida, uma posição de alta liderança impõe? E a sua equipe?

Respondo: – Você levantou um ponto crítico. A maior parte dos nossos líderes dedica grande parte do seu tempo a reuniões e o pior é que, como você deve ter percebido, parece que estas reuniões se tornaram o pior lugar para se tomar decisões acertadas. Muitas vezes depois de horas reunidos, a única coisa com a qual concordamos é a data para uma nova reunião. Você se lembra daquela nossa reunião de operações semanal? Participam cerca de vinte pessoas e é comum que elas comecem às duas da tarde e muitas vezes se estendam até às 19h00 ou 20h00. Sinto que essa é a arena onde nascem os conflitos. Digladiamo-nos, todos opinam sobre tudo, existe um excesso de assuntos a serem discutidos e as pessoas se envolvem em temas sobre os quais elas não têm a menor influência.

– Sem dúvida seria uma reunião interessante para começar o PD. Ao coordená-la, terei condições de avaliar o que ocorre para, numa próxima, poder reduzir substancialmente o tempo, aumentar a objetividade e, em consequência, reduzir o sentimento de frustração.

– Ah, ótimo, me parece um desafio válido e uma forma inteligente de avaliar a eficácia do PD. Sugiro que a primeira seja feita já na próxima semana, para começarmos a avaliar efetivamente formas mais eficientes para nossas reuniões em geral.

Esse é o diálogo que ocorre antes de darmos início ao primeiro grande desafio, para o qual ele me recomendou concentrar-me na observação mais do que no palco, com o intuito de começar a entender o contexto e como os conflitos e as indisposições surgem. Juarez pede a pauta, que foi enviada com antecedência, por e-mail, a todos os participantes, da qual constam problemas que se referem a diferentes níveis de organização: resultados de produtividade; controle de inventário; reclamações de clientes; baixa rentabilidade; desenvolvimento de produtos; problemas de manutenção; situação de mercado; reclamações de qualidade etc. Junto com ela, uma relação dos participantes que inclui a tabela de cargos. O encontro começa pontualmente às 14h00 nessa quarta-feira.

Começo apresentando Juarez e digo que dessa vez ele vai ajudar a coordenar a reunião. Vários participantes reagem: – E qual vai ser a sua função, Roberto?

Fico meio surpreso e não respondo. Nunca me senti exatamente como um coordenador de reuniões e sim o líder da empresa. Juarez, já tentando contemporizar, explica que vai tentar preencher o papel de coordenador do Processo e das Interações, e não do Conteúdo. Isso será responsabilidade de cada um dos profissionais presentes.

Logo no início faz uma pequena exposição: com um grupo de vinte pessoas a participação de cada uma fica muito limitada, portanto, a reunião não pode ser decisória e sim informativa. Isso porque antes de se chegar a uma imagem ou a uma visão objetiva do problema, com um número muito grande de participantes, a tendência é de perder o foco: diversas pessoas começam a falar ao mesmo tempo, uma área culpa a outra, outras se justificam e, depois de algumas horas de discussão, volta a espalhar-se o sentimento de desapontamento com a não obtenção de soluções concretas.

Isso posto, ele mesmo pergunta: - Vocês acham que poderíamos definir algumas regras de trânsito?

Vai então ao *flipchart* e pede que as pessoas sugiram regras de interação. Imediatamente começam as sugestões: ouvir os outros, não interromper, fazer perguntas, respeitar, "hierarquia não manda", abertura, transparência, "sem política".

## Em uma reunião eficaz: Perguntar e entender ao invés de afirmar e defender

- Posso acrescentar mais uma? - diz Juarez: - Eu gostaria de propor "saber falar", isto é, ser objetivo e sucinto nas colocações. Vamos colocar essas regras num local bem visível para que fique na consciência de todos durante a reunião -, pontua Juarez e complementa: - Existem duas atitudes em reuniões: uma, "afirmar e defender", e a outra, "perguntar e entender". Sugiro, sempre que possível, aplicar a segunda. Consideremos o seguinte:

quando não damos atenção ao que o outro diz, estamos demonstrando falta de confiança nas suas ideias. Quando o outro percebe esta falta de confiança, pode reagir de três maneiras diferentes, nenhuma delas eficaz e objetiva: defensividade, agressividade ou inércia. Ao contrário, confiança gera entusiasmo, participação e envolvimento. Gera as condições para um saudável e criativo trabalho conjunto. E agora vamos definir as prioridades dos temas a serem discutidos.

Em uma reação típica de um líder momentaneamente deposto, reajo mostrando que ainda comando a empresa: – Eu gostaria de discutir a questão da rentabilidade em primeiro lugar.

A minha colocação abre espaço para outras. Nilton diz que quer falar de reclamações de clientes. George, sobre controle de inventários e Rafael introduz o assunto do desenvolvimento de produtos; Andreas e Wilson juntos abordarão o problema de manutenção, enquanto Nilton e o Sergio (Gerente de Marketing) vão comentar a situação de mercado; já Vagner (Gerente de Engenharia) se encarregará da produtividade.

Juarez então pergunta se todos estão de acordo e, ao receber o ok, me pede que comece a expor a questão da baixa rentabilidade. Com o uso do *datashow* mostro gráficos sobre a rentabilidade nos últimos três anos. E aponto: – Com esse gráfico, fica evidente que houve uma gradual deterioração nos últimos dois anos e mais acentuadamente nos últimos seis meses, depois da queda de vendas. Como já tinha sido dito anteriormente, estamos operando abaixo do *breakeven*.

Nilton pede a palavra e explica que um dos problemas é que os produtos não estão sendo adequadamente entregues aos nossos clientes. O que é imediatamente contestado pelo Marlos: – De fato, temos algumas entregas pendentes, mas nada de importante. Antes que o Nilton possa acrescentar algo, George explica que o volume baixo de faturamento causa o problema. – Temos um custo fixo elevado que se torna proibitivo quando as vendas caem abaixo de certo volume –. E acrescenta: – Acredito que a solução esteja em aumentar o volume de vendas –. Nilton se exalta, diz que não existe um mercado para aumentar as vendas. Retruco: – Por favor, não vamos voltar às discussões da semana passada; a busca imediata é por mercados novos.

Rafael da Engenharia de Produtos explica que para isso eles teriam que começar a desenvolver produtos e embalagens mais adequados ao mercado de reposição. Marlos então, levemente nervoso, esclarece que o desenvolvimento e adaptação de produtos, embalagens e cobertura de mercado necessitam de muitos recursos, coisa que está faltando no momento. Também, acrescenta, – Com a redução de pessoal, nos faltam recursos humanos para a este projeto –. Junto com Valdomiro, George lembra que a redução foi feita em conjunto com cada diretor e gerente. Juarez pede licença para fazer duas perguntas:

– A primeira: queremos resolver a questão da rentabilidade nesse momento? Ou estamos apenas tomando conhecimento de um fato? Ou seja, já temos uma imagem clara a respeito da questão? E se não, não deveríamos propor soluções ou buscar causas ou culpados. A segunda pergunta: como estão funcionando as Interações? Admito então que, nesse momento, o objetivo é apenas trazer os fatos e a tendência referente à rentabilidade. – Creio que não vamos conseguir hoje uma solução.

Juarez então me pede que prossiga, o que faço destacando o desenvolvimento da relação de custos variáveis, custos fixos e contribuição para o lucro dos últimos anos, procurando deixar claro que as despesas fixas se mantiveram praticamente inalteradas, apesar da queda de vendas. Enquanto isso, a redução dos custos variáveis, decorrência das demissões, ainda não se fez sentir em toda a sua dimensão. Ele me pergunta: – Você gostaria de acrescentar alguma coisa? Gostaria de ouvir comentários sobre essas informações.

Recomenda então que cada um colocasse as suas perguntas sobre esses dados ou que trouxesse outras informações que ajudassem a esclarecer a Imagem.

– Como o Roberto disse, não pretendemos resolver esse problema agora.

Diversos participantes solicitam alguns detalhes sobre os dados apresentados e há comentários sobre as medidas tomadas ultimamente que ainda não reduziram os custos fixos. Nesse momento, ocorre um reinício das discussões.

Eles buscam motivos, causas e culpados para isso. Passam a não perceber o que dizem, estão à caça dos responsáveis pela situação atual. Começam a falar todos ao mesmo tempo. Eu me mantenho à parte; minha vontade é dar um grito para cortar o mal pela raiz, mas me contenho. Se há uma coisa que os anos me deram é a sensibilidade de perceber um conflito antes que ele aconteça. Fico à espreita para ver quem vai atacar primeiro e quem será a primeira vítima. Nilton está defendendo as colocações de Rafael para Marlos e os dois que até então pareciam os melhores aliados começam a lavar roupa suja em público. Eu já estou fascinado, quero ver até onde serão capazes de ir. Os olhares voltam-se para eles. Mas o anticlímax se desfaz rapidamente. Juarez entra com firmeza. – O que estamos fazendo nesse momento?

Andreas, Gerente de Produção de Marlos, arrisca: – Na busca de soluções, estamos é armando um conflito. Não deveríamos apenas coletar informações para a tal formação de imagem, sem procurar culpados ou propor soluções?

– Consideramos encerrado esse primeiro ponto? Pergunta Juarez. George responde que sim: – Já tomamos conhecimento. Vimos as tendências. Percebemos o problema dos custos fixos. Mas o que vamos fazer? Como mudar essa situação? E gostaria ainda de perguntar algo que também não consigo evitar. Eu tenho me perguntado diariamente se é possível encontrar soluções sem cair nessa cova onde cada um de nós apenas tenta salvar sua própria pele.

Juarez acha o momento propício para abordar o tema dos conflitos.

## Conflitos

– Meus caros, parte do nosso processo é descobrir como caímos nestas armadilhas de subjetividade, como aguçar a consciência para não nos tornarmos marionetes, como pacificar as vozes que nos incitam a querer ver o circo pegar fogo, como ir além da resolução de problemas criando um ambiente no qual o conflito não terá chances de crescer. Existem soluções clássicas para resolver um conflito, mas todas elas passam pelo reconhecimento dos mecanismos que nos levam a entrar de cabeça neles, nas guerras frias, no confronto físico até. Um conflito não é necessariamente ruim, mas sempre tem RG, a começar pelo nosso próprio. Nós só tiraremos benefícios dele se, em primeiro lugar, reconhecermos a nossa própria participação em provocá-lo. Se evitarmos esse movimento de reconhecimento, impedimos qualquer possibilidade de uma verdadeira relação positiva com as opiniões divergentes do outro. No entanto, é no conflito que surgem as oportunidades de estabelecermos limites e diferenças conceituais que podem elevar o nível e a qualidade da empresa. Vocês sabem a diferença entre um bando e um time? Silêncio total...

## DESENVOLVIMENTO DOS GRUPOS

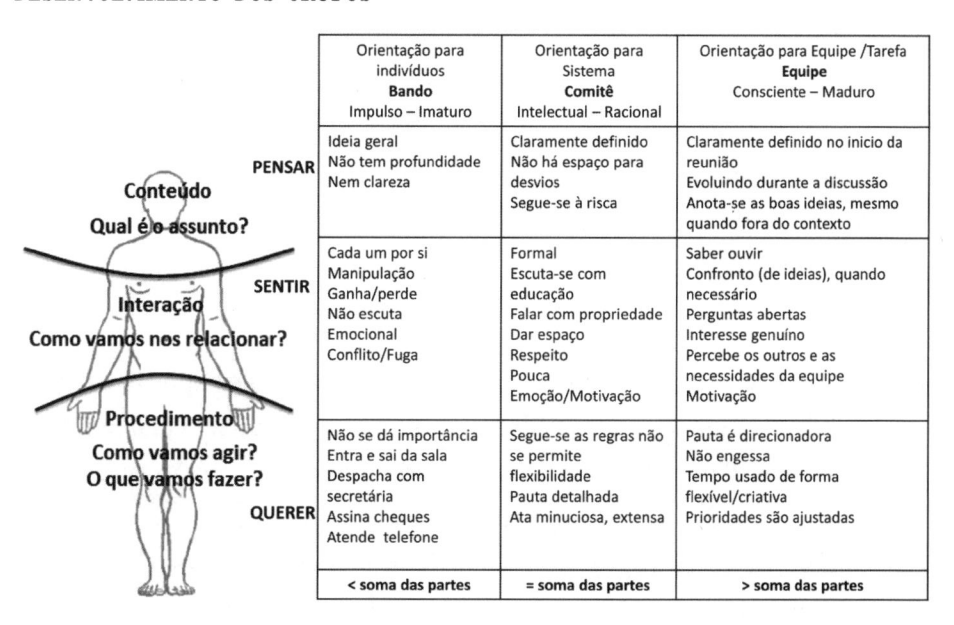

| | Orientação para indivíduos<br>**Bando**<br>Impulso – Imaturo | Orientação para Sistema<br>**Comitê**<br>Intelectual – Racional | Orientação para Equipe /Tarefa<br>**Equipe**<br>Consciente – Maduro |
|---|---|---|---|
| **PENSAR**<br>Conteúdo<br>Qual é o assunto? | Ideia geral<br>Não tem profundidade<br>Nem clareza | Claramente definido<br>Não há espaço para desvios<br>Segue-se à risca | Claramente definido no início da reunião<br>Evoluindo durante a discussão<br>Anota-se as boas ideias, mesmo quando fora do contexto |
| **SENTIR**<br>Interação<br>Como vamos nos relacionar? | Cada um por si<br>Manipulação<br>Ganha/perde<br>Não escuta<br>Emocional<br>Conflito/Fuga | Formal<br>Escuta-se com educação<br>Falar com propriedade<br>Dar espaço<br>Respeito<br>Pouca Emoção/Motivação | Saber ouvir<br>Confronto (de ideias), quando necessário<br>Perguntas abertas<br>Interesse genuíno<br>Percebe os outros e as necessidades da equipe<br>Motivação |
| **QUERER**<br>Procedimento<br>Como vamos agir?<br>O que vamos fazer? | Não se dá importância<br>Entra e sai da sala<br>Despacha com secretária<br>Assina cheques<br>Atende telefone | Segue-se as regras não se permite flexibilidade<br>Pauta detalhada<br>Ata minuciosa, extensa | Pauta é direcionadora<br>Não engessa<br>Tempo usado de forma flexível/criativa<br>Prioridades são ajustadas |
| | < soma das partes | = soma das partes | > soma das partes |

Pois é, um bando se afunda num processo autofágico para eliminar um problema. Ao contrário, a equipe tende a unir cabeças pensantes, a ser mais criativa, mais respeitosa, e se dar conta dos seus limites. O Processo Decisório leva a uma tomada de decisão conjunta e exige que se aprenda a respeitar cada uma de suas etapas. De que forma? Ouvindo o outro, encontrando objetivos comuns e selando acordos verdadeiros, baseados numa comunicação honesta, que tem início na sinceridade com que nos tratamos a nós mesmos, em primeiro lugar. Isso está claro?

O clima muda totalmente. Falávamos de custos fixos e variáveis. Fomos parar na capacidade de olharmos para nós próprios e de sabermos nos colocar com clareza de intenções. Ouço algumas risadinhas nervosas. Retomo então a palavra e assumo que o assunto que estava sendo discutido será revisto, em primeira instância, com os diretores, para que eles possam trabalhar com as suas equipes sobre o que vier a ser definido.

– Recomendo que a gente faça uma reunião na segunda da próxima semana para começar a tomar decisões –. E aproveito para ressaltar: – Consideramos essa questão da rentabilidade encerrada. Vamos ao próximo tema.

Juarez diz que o próximo tema é reclamações de clientes. E pede ao Nilton que fale sobre as suas preocupações. Antes de começar, Nilton diz que gostaria de esclarecer que está totalmente de acordo em adicionar um novo segmento – o de distribuidores no mercado de reposição – parece que a fala de Juarez já surtiu algum efeito... Destaca, porém, que a empresa não está respondendo adequadamente às demandas do seu mercado atual de montadoras e questiona a nossa capacidade de atender este novo segmento.

Diversos participantes pedem então que o assunto seja exposto em mais profundidade e que se ouça o Nilton até o fim. Em seguida, o Juarez solicita que apresente dados concretos da realidade. Ele mostra então que, apesar da queda de vendas, tem aumentado o atraso de entregas para os clientes e o número de reclamações de qualidade. E acrescenta: – Não só estamos tendo reclamações dos clientes como estamos tendo maior dificuldade em resolvê-las.

Antes que Nilton conclua, Fred da Qualidade tenta justificar os fatos:

– Temos tido algumas dificuldades na área de qualidade, mas isso é porque foram despedidos alguns dos nossos operadores mais experientes.

Também está havendo menor cuidado no recebimento das peças que vêm de nossos fornecedores. E na área de suprimentos, está faltando melhor relacionamento com os fornecedores.

Joaquim tenta falar, mas é interrompido pelo Wilson, outro gerente de produção do Marlos: – Desde que estou nessa organização, tenho insistido para que a manutenção garanta o funcionamento adequado das máquinas. Mas tenho encontrado dificuldades de comunicação com o Luis Antônio, Gerente de Manutenção.

Isto, partindo do Wilson, que antes não se colocava nas reuniões, especialmente na presença do Marlos... Realmente, não há dúvidas de que Juarez mandou seu recado. Eles estão perdendo a timidez de se colocar, olha que interessante...

O Luiz Antonio então veste a carapuça e entra na discussão:

– Posso afirmar com tranquilidade que nunca dedicamos tanta atenção à manutenção dos nossos equipamentos. E que nunca me coloquei contra qualquer diálogo –, garante Luis Antônio que a mim parecia de fato ponderado e aberto a críticas.

Já o Fred diz, com bastante ênfase, que para ele não é importante quanto tempo tem sido dedicado a isso, – mas, conforme os gerentes de produção, o Andreas e o Wilson já disseram, fica bastante claro que as máquinas não estão recebendo uma manutenção preventiva e adequada –. Ou seja, não importa quanto tempo é dedicado à manutenção, – mas sim, que as máquinas estejam disponíveis e funcionando a contento. Joaquim tenta entrar novamente para explicar o seu relacionamento com os fornecedores, querendo justificar a sua atitude, mas Juarez pede a palavra:

– Estamos ainda falando do nosso tema? E que qualidade tem a nossa Interação? Peço, no entanto, que daqui para frente vocês prestem atenção na qualidade das relações no seu dia a dia e que procurem fazer perguntas abertas e ouvir com atenção as respostas. E que tentem, de fato, praticar o "perguntar para entender".

Depois dos comentários dos participantes, Juarez propõe que o Nilton complete a sua apresentação. Ele destaca que uma boa parte dos atrasos de entregas ocorre quando os clientes colocam pedidos com urgência, o que, nesse momento, é natural porque todos estão tentando trabalhar com os inventários reduzidos ao mínimo.

– Gostaria até de acrescentar que nessa situação o volume de pedidos de urgência tende a crescer. Também com relação às reclamações de qualidade, pode se deduzir que os problemas ocorrem principalmente nas entregas de urgência.

Aí o Fred observa que: – Se o cliente pede urgência, a produção tem que trabalhar fora do seu programa normal, o fornecedor por sua vez tem que ser acionado para entregas de urgência, gerando problemas de qualidade e tudo isso acaba parando no controle de qualidade do nosso cliente.

O Joaquim, que até então não tinha conseguido expor suas ideias verdadeiramente, menciona a grande dificuldade que tem tido com os fornecedores: – Tenho discutido, de um lado, a redução dos suprimentos, e de outro, a aceleração da entrega de alguns itens.

Juarez então pede que Nilton conclua a sua apresentação, perguntando: – Quais são as pessoas que deveriam reunir-se para discutir em princípio as reclamações dos clientes?

Nesse momento, Nilton propõe que se faça primeiro uma reunião de Vendas com a Produção para avaliar prazos de entrega. Depois sugere uma reunião em que se encontrem Qualidade e Logística (Fred, Marlos e Ronaldo). Nilton pergunta para Marlos se ele concorda que Fred e Ronaldo trabalhem com eles e, para evitar outro conflito, diz que pretende conversar com eles para entender melhor a questão da qualidade e levantar possíveis soluções.

– Fica evidente que as decisões serão submetidas à sua aprovação –, referindo-se a Marlos. Esse diz que concorda, mas que está preocupado que as possíveis soluções propostas não considerem devidamente as dificuldades da área de Produção como um todo e termina recomendando: – Por favor, não tomem decisões sem me envolver.

Juarez pergunta: – Todos concordam que os dois tópicos, rentabilidade e atendimento aos clientes, são as prioridades? Proponho que a gente olhe para os outros problemas e forme grupos de trabalho não tanto para solucionar, mas para reunir informações e tendências que serão apresentadas na nossa reunião da próxima semana.

Eu me entusiasmo: – "Realmente parece fazer sentido. Vocês não concordam?

Juarez continua: – E na próxima reunião, nós começaremos avaliando as questões de rentabilidade e de atendimento aos clientes para depois formar uma imagem sobre os outros temas –. Juarez então vem com uma proposta: – Para a nossa próxima reunião posso propor uma metodologia diferente? Gostaria de formar um pequeno grupo para cada um dos temas, para que reúnam informações, dados, fatos, perguntas e alternativas de solução. Poderíamos encontrar voluntários para coordenar cada um dos temas e seus grupos? Sugiro que se apresentem aqueles que vão coordenar cada um dos temas e que definam quem vai trabalhar com eles.

Juarez conclui a reunião listando os nomes dos participantes e coordenadores desses grupos.

E ele anota o nome das equipes no *flipchart*.

Comenta: – É verdade que não discutimos cada um dos temas, mas tivemos a oportunidade de encaminhar os primeiros passos para soluções de longo prazo e de entender como reconhecer os conflitos e partir para um entendimento real.

Em seguida, propõe que se faça uma avaliação desta primeira parte da reunião. Inicio pela minha frustração, sempre ela, pela falta de resultados e o nosso querido consultor propõe mais uma vez que cada um fale um pouco sobre como foi a Interação e o Procedimento. Surgem as críticas: as pessoas não se ouvem, parece que estamos mais interessados em encontrar culpados, defender pontos de vista, alguns caem nessa vala; outros desistem de falar. Parece que não há espaço para que cada um dos vinte participantes possa realmente sentir-se dentro da discussão. Estão todos meio incomodados, como se não pudéssemos memorizar os primeiros passos da dança que está sendo proposta. Nem sequer os primeiros passos.

Juarez nem esperou chegarmos ao escritório.

— O que você achou? — Como de hábito, queria eu perguntar o que ele havia achado, mas ponderei que, se ele não estivesse presente, teria tomado decisões e distribuído tarefas na tentativa de resolver os problemas, já que o grupo costuma se perder em questões improdutivas. Mas isso é o que costumo fazer sempre. Confesso a ele que comecei a ver que podem existir outras formas de agir, mas que não consigo ainda visualizar de que maneira minhas atitudes ou a de meus subordinados irão modificar os resultados. Ao menos, já estou rápido na devolução da pergunta.

— O que você, Juarez, achou?

— Não há nada de diferente com relação às reuniões normais de outras organizações. Elas realmente terminam com a pessoa de maior nível hierárquico distribuindo tarefas. A consequência é que a alta liderança, em vez de delegar responsabilidades e cobrar resultados, dedica seu tempo a acompanhar tarefas. Recomendo que você se lembre do tempo em que não era CEO e que se viu em situações em que as decisões vieram de cima predefinidas e não contribuíram para resolver o problema. Pelo contrário. Ao apostar na intuição, esperando que "a minha solução" resolva, pois é isso o que acontece quando não há um envolvimento de todos, a tendência é que a "omissão inercial" aumente e a desmotivação cresça. Você não acha? Existe uma regra que ajuda a evitar esta armadilha: As decisões devem ser tomadas o mais próximo possível do nível em que está o problema e no qual será aplicada a solução.

Outro ponto que eu gostaria de ressaltar é que é quase impossível realizar reuniões nas quais se quer tomar decisões com a presença de vinte participantes. Grupos de projetos, grupos que vão preparar soluções e planos de ação são mais produtivos quando compostos de sete participantes ou menos. Nós vamos experimentar essa nova metodologia na próxima reunião.

## Trafegando na direção correta

Uma semana depois, ocorre a planejada Reunião Geral na qual Juarez insiste em levar para a consciência as regras de trânsito e definir com clareza o caráter informativo desse encontro. Lista novamente os temas e a sequência em que serão apresentados, perguntando se todos estão de acordo.

No início, há muita dificuldade em evitar as discussões, mas gradualmente o grupo todo vai percebendo que começa a formar-se uma imagem mais ampla das principais questões que a empresa está enfrentando. Cada grupo apresenta as análises efetuadas, procura dar um resumo das principais questões levantadas durante os trabalhos e destaca alternativas de solução. Ao final, fica a pergunta: e daqui para onde vamos? Eu, que havia me entusiasmado com uma visão ampla da organização, sou obrigado a por um pé no freio. Proponho, conforme Juarez havia recomendado, que cada um dos coordenadores, com seu respectivo grupo de trabalho, avalie as alternativas de solução, verificando até que ponto cada uma delas atende a essa nova perspectiva ampla da empresa. Como próximo passo, ainda antes da próxima reunião semanal, os coordenadores de cada grupo devem apresentar suas propostas aos diretores de suas áreas, junto com seus planos de ação. Nesta apresentação, a ênfase deve estar num plano de ação que leve ao resultado pretendido. Juarez ressalta que tudo deve se encaixar na visão global, definida a partir das necessidades da empresa. E que eu serei o último a fazer uma avaliação do processo. Já os participantes comentam que é interessante perceber que em todas as áreas há problemas e que as soluções propostas são apenas as primeiras indicações de solução.

Ao dar oportunidade a cada um dos coordenadores de apresentar seus temas, conseguimos ouvir e entender mais os diversos aspectos da organização e como de fato todos os problemas estão inter-relacionados. Alguns expressam o sentimento de que se está começando a caminhar de forma organizada. Eu mesmo encerro a minha avaliação, concordando com os participantes, e deixo claro que estou satisfeito com esses primeiros resultados.

Na volta para o escritório, brinco com Juarez:

– Já sei, você quer a minha avaliação primeiro. Então gostaria de comentar duas coisas. A primeira é o fato de que encontramos em três horas um caminho para soluções geradas nas áreas diretamente envolvidas. Segundo, senti que em lugar da frustração comum em reuniões anteriores, há mais positividade no grupo.

É a vez de ele comentar: – Eu não tenho muito a acrescentar. Vejo que você já captou a essência. Achei muito positivo você não tentar dar respostas, mas efetivamente acompanhar as apresentações dos temas e das alternativas de soluções. Tenho a impressão que na próxima reunião poderemos estar atuando e tomando decisões que, somadas, começarão a dar um novo nível de objetividade à direção dessa empresa.

Pergunto então: – Do ponto de vista da metodologia do PD, o que você acha que realizamos?

– De fato nessa reunião começamos com a formação de imagem de cada tema. E para você Roberto, foi possível a formação de uma imagem mais ampla da organização, como pano de fundo, embora, só nas próximas reuniões, talvez, você consiga vislumbrá-la completamente e começar a sentir o que isso quer dizer individualmente para você e para o grupo. Nunca é demais ressaltar que essa construção da nova identidade que estamos buscando será a base para trabalharmos todas as dimensões da empresa; é aí que as raízes mais profundas dos problemas poderão ser encontradas. Você talvez ainda não tenha se dado conta disso, mas você sabia que, pelo fato da empresa ser uma entidade viva, ela conta até mesmo com um nível espiritual, a exemplo de nós seres humanos? Já havia pensado nisso?

## MEUS PENSAMENTOS

*Ao mudar nossa atitude mental de "afirmar e defender" para "perguntar e entender" as reuniões tornam-se produtivas. O "Bando" transforma-se em "Equipe".*

# 7

# Entre atos, a greve

> *A chave de todas as ciências é inegavelmente o ponto de interrogação.*
> **Honoré de Balzac**

Juarez volta para uma reunião de rotina para avaliar o desenvolvimento e preparar o segundo retiro. Estou ainda bastante nervoso. Começo dizendo que houve avanços, mas que estou preocupado com o grande número de projetos que as equipes de cada diretoria estão assumindo. Em minha opinião, seria necessária mais uma reunião, entre os diretores - infelizmente, pois nesse momento acho que o mais fácil mesmo seria tomar decisões solitárias - para priorizar os projetos evitando a sobreposição de ações e atividades. Juarez não apenas concorda, mas sugere que isso seja feito no próximo Retiro. Explico que no momento estou consternado com o sindicato, visto que as nossas relações estão se deteriorando rapidamente.

- Estamos na época do dissídio coletivo e além do valor básico o sindicato nos solicita um percentual muito elevado como "produtividade". E estamos encontrando uma atitude conflitiva dos representantes do sindicato, o que é surpreendente porque jamais tivemos problemas semelhantes em negociações anteriores. Você se recorda que quando tivemos que fazer o grande número de demissões o sindicato se mostrou acessível e não criou problemas?

Juarez então pergunta: – Quem está realizando as negociações com o sindicato? E de que forma?

– Nossa área de recursos humanos. O gerente que assumiu essa posição é o Valdomiro no lugar do funcionário que era a principal interface com o sindicato, que deixou a empresa no ano passado. O Valdomiro está sendo envolvido pela primeira vez numa negociação salarial, embora esteja na empresa há muito tempo. Tenho a impressão de que não está conseguindo dialogar adequadamente com o sindicato. Acho que vamos ter que enfrentar uma greve nos próximos dias porque o sindicato está irredutível nas suas exigências.

– Ainda dá tempo de fazer alguma coisa?

– Acho que chegamos num ponto em que não há retorno. Teremos que lidar com essa possível greve. Sobre o nosso próximo retiro, sinto que, no momento, não há clima. Teremos que esperar no mínimo mais duas semanas até que o ambiente tenha se desanuviado.

– De qualquer forma –, diz Juarez, – como você sabe, eu estou trabalhando com o nível hierárquico que reporta ao grupo que fez o primeiro retiro, o que tem contribuído de forma excepcional para ampliar o diálogo entre as áreas. Tenho a impressão que os problemas trazidos por cada um dos grupos são bastante semelhantes àqueles levantados pela alta direção e gerentes no primeiro retiro.

– Não sei se sou otimista, mas realmente tem havido uma melhora nas relações entre os líderes. Mas, ao mesmo tempo, sinto também que há pessoas que não aceitam ainda a nova cultura organizacional. A maior dificuldade de momento, acredito que você melhor do que ninguém já tenha detectado isso, é lidar com o novo. Eu, ao menos, estou vivenciando essa crise. Tudo o que já experimentei ao longo da vida está me ajudando muito pouco nesse momento; é isso o que mais me desespera. Se uma situação se apresenta semelhante ao que acho que já vivi e me ocorre uma solução, logo percebo que esta não corresponde aos nossos novos conceitos que queremos implantar. Assim, posso usar minha experiência, mas apenas como ponto de partida.

A partir daí, tenho que perguntar, envolver mais pessoas, formar imagem. Só depois chegaremos, agora em conjunto, a uma decisão. É uma forma de agir tão diferente que muitas vezes me sinto tolhido e inseguro.

- Posso imaginar por o que você está passando, Roberto, mas gostaria de lembrar que a sua tendência muitas vezes foi a de achar um sintoma e tratá-lo como se fosse possível combater uma doença com um só remédio tarja preta, "eliminando" os sintomas e esquecendo-se dos efeitos colaterais. O que nós estamos propondo aqui vai muito além de um tratamento de choque; eu diria que se assemelha ao que a medicina antroposófica propõe, ou seja, considerar todos os aspectos do doente, de forma que ele seja tratado como um indivíduo, como um todo, em todos os seus membros: físico, vital, anímico e Eu. O princípio é construir saúde e não combater doenças. Desenvolver sua forma de ser e de responder às questões que o cercam é primordial. Mas, para isso, é necessário que uma análise detalhada seja realizada. É isso o que estamos fazendo.

Enquanto ele fala, eu começo a afundar nas minhas recordações; de fato o que vinha lá de longe do passado, não mais se aplica a essa situação, eu não sou mais o mesmo, tenho agora a responsabilidade por uma empresa muito maior que tem suas próprias características e cultura. Tudo que conhecia como líquido e certo tem que ser reavaliado. Se penso em aplicar uma solução autocrática para resolver determinado problema, vem imediatamente o sentimento: Este não é o caminho! Parece que esta insegurança me provoca no sentido de fazer uma mudança interior mais substancial. A começar por mim mesmo, é óbvio. Digo a Juarez, no entanto, que o Processo Decisório me pareceu a chave que irá destravar toda essa situação de estagnação na qual nos encontramos. Não é que ele seja a única solução, pois o que estamos buscando é uma transformação da nossa cultura. No entanto, o Processo Decisório é parte integrante deste caminho.

Juarez então me explica que o mundo atual exige dos líderes que eles construam um equilíbrio entre o passado e o futuro para estar no presente ao acompanhar as contínuas mudanças. É assim que cada um de nós tende a reagir: alguns se refugiam no ontem como eu; outros buscam o amanhã na tentativa de que consigam corrigir os erros em um futuro problema. Raramente os executivos conseguem olhar para o presente, contextualizando tudo o que nele cabe, as situações, as pessoas, os procedimentos, suas reações e formas de agir que, por sua vez, também têm a ver com a sua origem e a cultura da organização. O desafio é entrar nos detalhes, nas verdadeiras causas de cada problema, não combater apenas os sintomas, as questões periféricas, não tomar decisões sem uma análise profunda de todos os aspectos. Quase impossível para quem se encontra dentro dele. Daí por que o olhar de fora pode e deve colaborar muito para a compreensão do todo e a descoberta das inúmeras possibilidades de soluções. Proponho que o PD seja intensificado no próximo retiro.

Juarez expõe o que ele estava imaginando, que não havíamos ainda trabalhado as outras fases nas nossas reuniões internas, do Julgamento, Decisão e Avaliação, e que nessas outras três, o Processo Decisório tende, de fato, a mostrar sua eficácia. É quando as decisões deixam de ser individuais ou individualistas e ganham força numa decisão de grupo. Um processo dinâmico que, esse sim, criativo e construtivo, a seu ver, dá chances para que cada um dos indivíduos possa atingir os outros com suas ideias e todos passem a experimentar uma nova sensação: de que o novo emergiu daquela troca criativa em que todos estavam envolvidos e que não funciona apenas no nível intelectual.

– Se estivermos abertos a analisar profundamente todos os problemas e conflitos e nos livrarmos das amarras racionais ou emocionais, isto é, se estivermos abertos e desarmados, isto é o que ocorre –, informa o meu guia/consultor.

– Para aumentar minhas preocupações, estou sendo solicitado na matriz, em São Paulo –, disse a ele.

– O que estão esperando de você?

– Eles querem saber o que estou fazendo para corrigir os problemas de rentabilidade e também como pretendo melhorar o atendimento aos clientes, já que algumas reclamações chegaram à alta direção da empresa em São Paulo. Eles também esperam ser informados sobre a situação trabalhista e o risco de uma greve que seria a primeira em muitos anos. Eu realmente estou muito preocupado com tudo isso. Não sei como reportar resultados negativos, essa nunca foi a minha rotina, em toda a minha trajetória. Estava acostumado a fazer apresentações que sempre relatavam bons resultados.

– E como você lidava na sua outra empresa com as questões trabalhistas? – indaga Juarez. – Será que aqui existe uma situação em que a experiência do passado pode nos ser útil? Já que, segundo destacou, a intenção não era utilizar qualquer fórmula ultrapassada.

– De fato tínhamos uma pessoa muito experiente em negociações e essa pessoa tinha o apoio de um consultor especializado em relações trabalhistas nas negociações com o sindicato. Ele era objetivo e buscava entender tanto o sindicato quanto a empresa na consecução de acordos viáveis, sem criar situações de conflito ou confrontos desnecessários. O consultor já conhecia os líderes sindicais e até havia estabelecido uma relação amistosa com alguns deles, o que explica porque conseguia um ambiente de diálogo já bem antes dos momentos de decisão do dissídio. Não me lembro de ter enfrentado esse ambiente conflitivo na minha organização anterior.

– Você se lembra de que, no primeiro retiro, os grupos destacaram a necessidade de se trabalhar e melhorar as Relações da organização, o que naturalmente inclui Relações Trabalhistas? Como você acha que isso poderia ser trabalhado no futuro?

– Estou preocupado com essa situação de greve iminente atual e confesso que não tenho no momento ideias nesse sentido. Podemos então incluir mais esse item na pauta do nosso próximo retiro.

Juarez então me propõe que definamos os temas em São Paulo após minha visita à matriz. Quando nos encontramos, no prazo combinado, reporto a ele os últimos movimentos da greve: ela efetivamente ocorreu, mas durou apenas três dias. Numa assembleia os empregados concordaram com uma contraproposta da empresa que infelizmente teve que chegar perto das exigências do sindicato. Foi uma condução de negociação mal sucedida. Pior dos cenários: primeiro tivemos a greve e depois fomos obrigados a concordar com grande parte das exigências do Sindicato.

– Antes tivéssemos concordado de uma vez e não tivéssemos tido a greve.

Estou bem ácido nesses dias e informo ainda a Juarez que além de todos os problemas já conhecidos, temos mais um: recuperar a produção perdida durante a greve, fato agravado pelos primeiros sinais de reversão da queda das vendas. Ele sente minha falta de disposição.

– Como foi a reunião com os acionistas?

– Como era de se esperar: o Presidente não ficou muito animado com o meu relato. Apresentei os resultados que tornam evidente que há dificuldades com o sindicato, que há descontrole de inventário, continua havendo falta de capital de giro e, ainda, a ausência de envolvimento adequado da minha equipe de liderança. Relatei a ele e aos acionistas algumas perspectivas de melhora, em função da nova forma de trabalhar que estimula os líderes a contribuir na busca de soluções para atingir resultados. Falei da maior objetividade e do envolvimento da maioria dos líderes nas soluções dos problemas da empresa; na prática, uma forma de comando mais participativa como eles estão querendo implantar. Eles me questionaram então se nesse momento isso iria de alguma forma contribuir para a melhoria de resultados. Disse que estamos fazendo esse trabalho com você e que isso tem facilitado o diálogo entre os diversos níveis e nos levado a uma percepção mais objetiva dos diferentes problemas.

Reforcei ainda que, em médio prazo, esse trabalho deve ajudar a solucionar os principais problemas, especialmente no que se refere às Relações e à Identidade da empresa, contribuindo para decisões mais bem fundamentadas, a partir de uma visão estratégica de forma a impulsionar o desenvolvimento amplo da organização. Contei que estamos trabalhando em grupos menores, em projetos específicos, e que isso já começou a indicar perspectivas de melhora. De qualquer forma, pedi um prazo adicional de três meses para começar a reverter o quadro e, efetivamente, mostrar tendências positivas. Insisti muito naquele conceito que você está sempre repetindo: a organização só se desenvolve quando as pessoas que nela trabalham se desenvolvem.

– E foi suficiente?

– Acho que eles resolveram me dar um crédito. O presidente, apesar de mostrar-se um tanto cético, concordou que as mudanças culturais como essas levam tempo, e que ele me daria apoio para introduzir as mudanças que forem necessárias. Pediu-me para preparar uma apresentação que deve ocorrer no prazo que solicitei de cerca de 90 dias. Pediu ainda um plano detalhado para otimizar as relações trabalhistas.

– Fico contente de estarmos pensando da mesma maneira –, observou Juarez. – E na preparação do próximo retiro, eu sugiro que a gente trabalhe com cada um dos tópicos que foram apresentados ao Presidente, incluindo a greve.

– Vamos ter que discutir isso em mais profundidade e buscar caminhos para evitar uma próxima situação conflitiva como essa. Mas não posso negar que aprendemos bastante coletivamente dessa vez. Antes da assembleia, cada um dos líderes nos diferentes níveis procurou conversar com o maior número possível de colaboradores, criando um ambiente favorável para o encerramento da greve e isso para mim foi bastante novo. Parecia que estavam todos empenhados de fato em evitar mais consequências desastrosas para o ambiente interno que estamos tentando criar. Isso, em minha opinião, foi bastante positivo, você não acha?

– Sem dúvida, daí porque gostaria de sugerir que a questão de conflitos pode ser um tema prioritário no próximo retiro. O que você me diz, Roberto?

– Concordo plenamente. Devemos começar por aí e gostaria também de trabalhar em princípio sobre as relações internas, mas não só com o sindicato, quero otimizar o trabalho em equipe. Entendi que o futuro se constrói a partir das coisas que desenhamos no aqui e agora, e o desafio será grande no que diz respeito à mudança de cultura. Desculpe-me, mas não consigo deixar de sofrer por antecipação.

- É natural, Roberto. Vamos reconhecer que são muitas as variáveis e que você vem encarando tudo isso com uma bravura admirável. Resumindo então, vamos trabalhar conflito e trabalho em equipe. Imagino que esses dois tópicos vão nos dar ensejo para reavaliar todo o trabalho feito até aqui, tudo o que dissemos em relação aos projetos em andamento. A propósito, como vai a família? Mais conformados de não terem você tão presente nesses dias difíceis?

- Nem tanto, os meninos começam a dar trabalho na escola e Marlene tem tido que intervir constantemente para que eles não se rebelem contra a escola, contra ela ou contra mim. Eles estão se sentindo deslocados, ainda não descobriram o que estão fazendo por aqui, me cobram frequentemente voltar a São Paulo para rever os amigos e para voltar à vidinha de sempre e, ainda, para que eu esteja mais presente. É um momento realmente complicado esse.

## Flywheel: o ontem, o agora e o futuro

Juarez me acompanha até o aeroporto, alegando que agora é a sua vez. Acho ótimo porque assim posso continuar a sanar algumas dúvidas. O meu racional não me deixa em paz, confesso a ele, e essa tem sido a grande luta: permitir-me ser levado pelo processo, de uma maneira focada, ainda que os resultados não estejam visíveis.

- Como você vê, o Presidente quer avanços concretos o quanto antes e isso me deixa extremamente ansioso. Quando poderei apresentar alguma coisa para ele? Você sabe disso, não? Vou continuar a ser pressionado até que eu possa mostrar uma reversão das tendências negativas.

– Os principais problemas que vão contribuir para a reversão das tendências foram corretamente identificados nas últimas reuniões semanais. Começou-se a trabalhar sobre soluções viáveis. Melhorando as relações internas e o trabalho em equipe, os problemas serão resolvidos de uma forma correta, contribuindo na obtenção de resultados perceptíveis nos próximos meses. Sinto, Roberto, que daqui a três meses você poderá apresentar ao Presidente um quadro bem mais positivo.

– Em que você se baseia para dizer isso? Parece que você se sente muito seguro.

– Como já estabelecemos anteriormente: Você tem um grupo admirável de profissionais, com amplo conhecimento técnico e muita experiência. Eles passaram por treinamentos os mais diversos, inclusive no exterior com suas licenciadoras. Você está criando as condições e oportunidades para que eles usem todo este conhecimento. O fundamental agora é que os grupos trabalhem de forma integrada, buscando resultados válidos para a organização como um todo. Destaco: a soma dos pequenos acertos deverá gerar resultados não só pelos acertos em si, mas pela somatória de soluções construtivas. Assim como nas antigas fábricas o *flywheel* cumpria a função de ativação mecânica das máquinas, devemos romper a força da inércia e continuar a impulsionar nossos esforços na direção correta. A princípio, pode parecer que tivemos um retrocesso, mas volto a repetir, assim como nesse mecanismo antigo, a força represada somente precisa ser acionada com o impulso justo para iniciar o movimento. E enquanto se aplica os esforços na direção correta, o *Flywheel* (ou o "volante" como era chamado nas antigas fábricas no nosso país) continuará aumentando sua energia. Para determinar os objetivos de longo prazo, seria importante que houvesse uma definição de Visão e Missão. Gostaria ainda de ouvir a sua opinião sobre como está elaborando o seu planejamento estratégico nesse sentido.

– Tenho principalmente parâmetros financeiros e de participação no mercado que estão baseados nos resultados do passado e respectivas tendências.

Devo usar estas referências como ponto de partida? Devo olhar para o cenário atual e construir uma Missão e uma Visão de futuro mais criativas, que nos possibilitem empreender essa verdadeira mudança de rota que estamos buscando? Vou precisar de você, isso é certo.

- Esse poderia ser o tema do nosso terceiro retiro.

- Sim, mas antes disso temos que nos focar nos resultados, bem práticos e concretos; é aí que reside a maior dificuldade: resolver os problemas atuais, urgentes e começar a introduzir as mudanças de longo prazo.

Despedimo-nos e fico novamente com meus botões. Não posso deixar de pensar que Juarez traz algo de muito positivo na sua forma de olhar a organização e na sua convicção do potencial de desenvolvimento das pessoas e da transformação das atitudes, a partir do reconhecimento interior do que nos impele a ir adiante. Na conversa de outro dia, quando me disse que a empresa também tem seu nível espiritual, procurou me mostrar que será necessário introduzir alguns conceitos arquetípicos que sejam entendidos e acolhidos por todos os funcionários. Mas como lidar no aqui e agora com as minhas próprias incertezas, que agora parecem mais numerosas e me deixam com uma sensação de muita insegurança, coisa que até então desconhecia?

Em todos esses anos de gerência geral, sempre encontrei formas de dizer como as coisas tinham que ser feitas e agora sou obrigado a pegar essa via do caminho mais longo, esse de chegar aos "finalmente" das soluções, em grupo. Vou esperar o trabalho do segundo Retiro e, principalmente, o trabalho específico dos diferentes times decidido durante as últimas duas reuniões semanais, para avaliar se devemos mudar algo nesse processo. Não posso me privar de estar constantemente reavaliando os cenários; acho que isso é função imprescindível do trabalho de um executivo. Sem pesar os prós e contras, não se consegue abrir caminhos novos. Uma visão estratégica clara me ajudaria a trabalhar os dois lados: o que quero atingir e como vou conseguir. Será? E todo o restante que começa a se abrir numa perspectiva que aparentemente não tem mais volta? Darei conta desse novo Roberto, não tão racional como antes, mas mais objetivo, e que passa a considerar importante se colocar, falar do que sente e comprometido em ouvir? Onde vou parar?

## MEUS PENSAMENTOS

*Para formar uma boa equipe é fundamental ter objetivos comuns bem claros. Se cada um rema para um lado diferente, o barco não sai do lugar.*

# 8

# Uma visão completa do pensar, sentir e querer (o segundo Retiro)

> *Se você tem uma laranja e troca com uma pessoa*
> *que também tem uma laranja, cada um fica com uma laranja.*
> *Mas se você tem uma ideia e troca com uma pessoa*
> *que também tem uma ideia, cada um fica com duas.*
> **Confúcio**

Dicotomia entre pessoas e resultados; música e silêncio, execução e reflexão, total desconforto. Juarez havia avisado. O segundo Retiro traria uma proposta diferente: vivenciar na prática o Pensar, Sentir e Querer. Além disso, iríamos aplicar a metodologia do Processo Decisório em tópicos selecionados como prioritários.

Iniciamos na manhã do segundo dia o exercício coletivo de integração. Com a ajuda da nossa orientadora de euritmia, fizemos uma série de movimentos que iam direto ao ponto: pensar, sentir, querer, num ritmo cada vez mais intenso e que deveria tornar-se mais fácil na medida em que fôssemos trocando de posições, já que eles haviam sido concebidos para proporcionar essa integração conosco e com os outros. Lembrei-me de um detalhe da palestra sobre as fases da vida. Dos quarenta e dois aos quarenta e nove, era importante criar a consciência do ritmo e era ali, no ritmo com o outro, que a coisa estava me derrubando.

Eu ia bem nos exercícios do pensar, engasgava no sentir e me jogava no querer. Comecei a desequilibrar o meu grupo e a orientadora veio em meu apoio: – Você precisa construir esse sentir, deixe-se levar, não queira pular direto para o querer –, ela me sussurrou no ouvido quando teve uma chance.

A proposta do exercício era revezar os movimentos relativos ao pensar, sentir e querer, e não só isso; inspirado na síntese de Steiner sobre a euritmia, bem visível no *flipchart* à nossa frente, deveríamos experimentar os três momentos, misturando-os com os dos outros integrantes. Se uma hora eu era o pensar, e seguia uma série de movimentos que representavam o racional, noutra eu tinha que ser o sentir e depois o querer, numa verdadeira dança de integração, para a qual eu não estava absolutamente preparado. Durante o processo, deveríamos formar o oito ou o símbolo do infinito (Lemniscata). Não consegui me abstrair em nenhum momento, não consegui me deixar levar. Acredito que, por esse motivo, o exercício foi extremamente exaustivo. Embora não tenha tropeçado nos meus passos ou provocado a queda de ninguém, não consegui fazer "bonito": terminei extenuado.

## PENSAR, SENTIR E QUERER

**Sistema Neurosensorial**
Frio, Racional, Objetivo

**Sistema Rítmico**
Volátil
Emocional

**Sistema Metabólico-Motor**
Quente, Energia, Vontade

**O PENSAR**

O mundo exterior de desmaterializa e se torna imagem interior (fotografia)

**O SENTIR**

Está em polaridades (simpatia X antipatia)
Fazendo a ponte entre o Pensar e o Querer. Em constante troca com o mundo interior e exterior

**O QUERER**

A imagem interior se materializa no mundo exterior

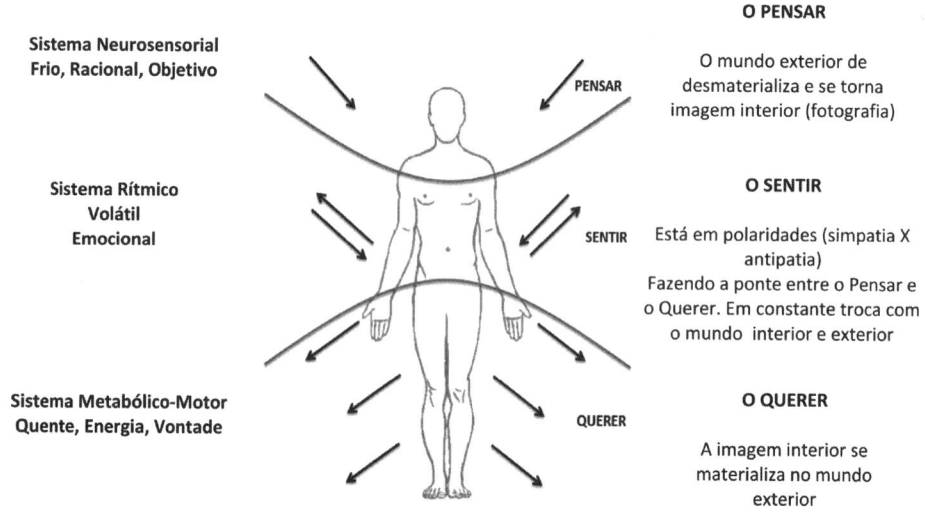

Na tarde anterior, logo no início desse segundo encontro, Juarez procurara antecipar o que faria nestes dois dias, nos quais esperava contar com a nossa total dedicação. Éramos vinte novamente, os mesmos que haviam participado do primeiro, só que mais conscientes de algumas características que faziam parte da nossa personalidade: como operávamos, como reagíamos a determinadas situações e quais eram nossas principais divergências. Estas cresciam ou decresciam, dependendo de como conseguíamos encontrar resultados positivos para as batalhas que vínhamos enfrentando no dia a dia da empresa. E foi exatamente por aí que Juarez começou. Queria saber como havia sido o período, desde o primeiro Retiro. Perguntou-nos e fez cada um de nós relatarmos de que forma havíamos aplicado os conceitos apreendidos no primeiro Retiro e quais os resultados práticos. Formamos grupos para resumir três pontos "atacados" dividindo-os pelos "níveis" aos quais pertenciam, a saber, Identidade, Relações, Processos e Recursos.

Ali teve início o meu mal-estar. Naqueles dias, a minha sensação era de descrença, e de quase depressão. Os últimos acontecimentos não estavam conseguindo me dar a injeção de ânimo necessária. Minha equipe começou a ver mais os problemas do que apresentar soluções. Atribuí tudo isso ao clima de pós-greve que ainda reinava entre nós, apesar de todos os esforços na direção contrária. A tensão no ambiente e o fato de que as coisas não estavam andando no ritmo que desejávamos eram as responsáveis pelo astral do grupo. As reuniões dos pequenos grupos que ocorriam conforme Juarez havia recomendado, nas diversas unidades da empresa, apesar de bem mais produtivas, registravam ainda um excesso de polêmica e de opiniões de cunho pessoal, reduzindo a objetividade. Prevalece um empate entre os que sentem aspectos de extrema valia na aplicação do PD e aqueles que ainda confessam insegurança na sua aplicação prática.

Mal ele abriu para que os grupos se manifestassem a respeito das aplicações do PD e eu já interrompi: - O que vocês elegeram como mais importante nesse momento de pós-greve para o PD, Relações? – Digo isso num tom tão desestimulante que Juarez é obrigado a intervir.

## Conflito não é a diferença de objetivos ou opiniões, é a <u>forma</u> com que lidamos com a diferença

– Gostaria de fazer uma observação inicial que será importante para esse nosso segundo encontro. Vamos deixar bem claro que conflito não é uma diferença de opiniões ou de interesses. Conflito é consequência da **forma** como se lida com essas diferenças. Quando eu reajo com agressividade a uma diferença de opinião, estou estimulando no outro uma reação igual e contrária, de forma que o conflito começa a se instalar. No entanto, se eu ouvir com atenção, tentar entender o ponto de vista do outro, fizer perguntas em lugar de tentar destruir a opinião do outro, as probabilidades de se desenvolver um conflito são muito menores.

Aproveitou o meu aparte para apresentar o tema principal de sua palestra. Se houvéssemos combinado um roteiro, não poderia ter fornecido a ele melhor "deixa". Tive que engolir minhas palavras. Juarez disse que iria desenvolver o tema conflito e mostrar de que forma "ele escala para um desfecho destrutivo". Iniciou dizendo que iria nos mostrar nove degraus dessa escalação e que isso iria servir, inclusive, como uma boa ferramenta de diagnóstico para avaliarmos os conflitos existentes.

Mostrou em gráficos os nove degraus (veja abaixo). Pediu então que cada um de nós pensasse num conflito ou numa desavença, dentro da organização, e nos convocou a resumi-lo numa sentença, escrevendo-a no *flipchart*. Acrescentou que alguns desses diferentes conflitos seriam usados durante o Retiro para trabalhar os conceitos de conflito e sua solução.

Uma visão completa do pensar, sentir e querer (o segundo Retiro)

## ESCALAÇÃO DE CONFLITO

| Ganha - Ganha | | | Ganha - Perde | | | Perde - Perde | | |
|---|---|---|---|---|---|---|---|---|
| 1. Endurecimento | 2. Polêmica | 3. Ações ao invés de palavras | 4. Imagens cristalizadas | 5. Perder a cara | 6. Estratégias de Ameaças | 7. Ataques destrutivos limitados | 8. Ataques destrutivos limitados | 9. Juntos para o abismo |
| • Tensão<br>• Diálogos<br>• Pontos de vista antagônicos em choque | • Polarização no pensar, sentir, querer<br>• Branco/Preto<br>• Fingir argumentação racional<br>• Ganhar pontos perante outros<br>• Luta pela superioridade<br>• Violência verbal<br>• Cooperação e competição se alternam | • Chega de palavras: vamos agir<br>• Fatos consumados<br>• Pessimismo<br>• Desconfiança<br>• Cristalização de papéis<br>• O grupo se fecha<br>• Sentimentos alheios não são percebidos<br>• Competição maior que cooperação | • Estereótipos<br>• Rumores<br>• Imagens e papéis negativos impostos mutuamente<br>• Profecias auto realizadoras<br>• Espezinhar o outro de forma escondida | • Ataques pessoais públicos<br>• Denegrir a idoneidade moral dos adversários<br>• "Desmascarar"<br>• Imagem Anjo/Diabo<br>• Sentimentos, nojo, exilar, expulsar<br>• Defesa de ideologia princípios valores | • Espiral de ameaças e contra ameaças<br>• Imposição de exigências com ameaça de castigos<br>• Provar que temos o poder para castigar<br>• Ação sob pressão da situação<br>• Perda da iniciativa | • Pensar só em categorias de "coisas"<br>• Qualidades humanas não são mais válidas<br>• Destruição limitada como "respostas adequadas"<br>• Valores invertidos: se meu prejuízo é menor então é "lucro" | • Provocar o desabamento do sistema inimigo<br>• Destruir sistemas e órgãos vitais<br>• Separar os líderes de seus seguidores<br>• Destruição total: físico, anímico, espiritual | • Não há mais retorno<br>• Confrontação total<br>• Destruição do inimigo mesmo a preço da autodestruição<br>• Prazer na autodestruição desde que o inimigo se arruíne |

(Gráfico baseado em Friedrich Glasl, *Auto Ajuda em Conflitos*, Editora Antroposófica, São Paulo, SP, 4ª. ed. 2012)

À noite, sozinho no meu quarto, tento dormir e não consigo. O "correio" da madrugada que tantas vezes me traz inspirações, me permitindo refletir sobre coisas que deveriam ser pensadas ou decididas, não está funcionando. Tenho apenas a sensação de irritação. Sinto-me refém de mim mesmo com os pensamentos entrando e saindo numa velocidade que me deixa tonto. Não consigo relaxar, a única coisa que consigo sentir é culpa, por não ter conseguido me soltar naquele exercício que deveria ter facilitado o meu sentir. O que estou evitando, por que cargas d'água me encontro perdido entre o pensar e o querer? O que acontece com o meu sentir? Fará ele parte do processo mesmo? Desde quando devemos sentir no ambiente de trabalho? Qual é a natureza desse sentir?

Na manhã seguinte, apesar de me sentir pouco desperto, me surpreendo com a minha desenvoltura no exercício da lemniscata. A orientadora faz questão de repeti-lo para avaliar em que medida os participantes estavam avançando, principalmente na receptividade para um mergulho mais profundo. Já não brigo mais com os movimentos. Sem querer faço tudo com leveza; percebo então que o que me move agora não é mais o pensar, mas o foco colocado em cada passo; sem que eu me dê conta, sou capaz de intercambiar os passos, misturar os movimentos e, quando vejo, estou contornando o oito sozinho, e também em grupo. Mal posso acreditar. Tem gente pior do que eu. Alguns grupos conseguem entrar facilmente no ritmo, outros têm mais dificuldade e até se esbarram na busca por acertar. Ao observar alguns deles, minha ficha cai. Se a questão não passa apenas pelo intelectual, se você se integra ao movimento, confia no movimento e vai prestando atenção no próprio ritmo, consegue criar a via na qual cruzarão o pensar, o sentir e o querer. Bárbaro!!

É uma descoberta e tanto. Fico feliz por alguns segundos, mas então me dou conta que o desafio maior será incorporar isso nas atividades do dia a dia. Mas, ora, o importante é que consegui "realizar" essa questão, a prática se encarregará do resto. Mas temos tempo? Sou chamado de volta à realidade.

Mirna, nossa orientadora, pede que cada um coloque suas impressões e o que descobriu com o segundo dia do exercício. Busco explicar, de uma maneira otimista, que acredito ter descoberto como explorar o pensar, sentir e querer e que é quase como se eles trafegassem juntos numa grande via expressa... mas não consigo deixar de transmitir que ainda não sei qual o destino de tudo isso. Todos me olham com estranheza. Preferia ter ficado calado.

É hora do intervalo e na volta o que nos espera é o "Caminho da Análise" e em consequência, o "Caminho da Decisão". Será mesmo assim? As dúvidas começam a me irritar, tenho que reaver meu controle interno, coisa que não sei onde foi parar. Juarez mostra gráficos para explicar essa parte.

## CAMINHO DA ANÁLISE E DA DECISÃO

| | | CAMINHO DA ANÁLISE | CAMINHO DA DECISÃO |
| --- | --- | --- | --- |
| | | Passado - Situação atual | Futuro - Situação desejável |
| Planejamento | | 1 - Formular o problema. | 6- Definir objetivo |
| Exploração Formação de Imagem | | 2- Reunir informações/ Fatos/ Dados Reformular o problema. | 7- Achar possíveis alternativas de solução. |
| Julgamento | | 3- Achar possíveis causas. | 8- Julgar as várias alternativas confrontando com critérios e consequências. |
| Conclusão/ Decisão | | 4- Determinar as verdadeiras causas. Chegar a uma conclusão. | 9- Tomar a decisão. Desenvolver um plano de Ação. |
| Avaliação | | 5- Avaliar o trabalho executado até aqui. Como foi o processo? A Interação? Alcançamos uma conclusão? | 10- Avaliar o trabalho completo de Análise e Decisão, Conteúdo, Interação e Procedimento. |

Formam-se grupos de cinco ou seis pessoas e estes grupos selecionam os conflitos em que querem trabalhar. Um dos conflitos anotados no *flipchart*, na noite anterior, referia-se a atropelar os colegas durante as reuniões semanais e às conversas paralelas. Um dos grupos alegava que essa era a grande fonte de conflitos: não saber escutar e, o que é pior, criar paralelamente conversas que desviavam o foco do tema que de fato deveria ser discutido; tudo isso criava um eterno redemoinho no qual estavam todos presos. Juarez pede a George que vá ao *flipchart* e anote um conflito que tenha estas características e que, em sua opinião, precisa ser trabalhado. Ele então resolve lembrar o caso da lona no pátio que tantas discussões gerou nos diversos níveis da empresa. Ele pede opiniões aos presentes, não sobre as soluções para o problema em si, mas sugestões de como as discussões poderiam eventualmente ter sido conduzidas, diminuindo o tempo perdido no processo e evitando os desgastes, as idas e vindas que tanto estresse causaram e causam em tanta gente. Juarez fica satisfeito. Parece que nós todos estamos colaborando para permitir que ele dê vazão aos conteúdos desse segundo Retiro.

– Quero fazer um aparte – diz ele. – O *flipchart* está ali exatamente com a finalidade de ajudar que o apresentador, ou quem quer que esteja falando, possa construir seu pensamento com a ajuda dos participantes. É um processo participativo de captar e transmitir ideias e de auxiliar todos a incorporarem conceitos, tanto o que escreve, como aqueles que visualizam o que está sendo escrito –, garante. Lembra que por isso insistiu tanto com as já famosas regras de trânsito: elas foram elaboradas em conjunto e são afixadas na parede exatamente para facilitarem a conscientização de todos.

O foco do dia – conflitos – é então retomado com os comentários dos grupos a respeito de como trabalharam as alternativas de solução geradas, analisando-as com o pensar, e julgando-as com o sentir, ao mesmo tempo procurando "sentir" de que forma viam a participação de cada um: sua própria e a dos outros, bem como do envolvido no X da questão. Também, como a objetividade se perde sempre que buscamos com unhas e dentes defender a nossa posição, sem sequer admitir a possibilidade de ouvir o que o outro tem a dizer.

– Isso tudo é muito fácil agora que não estamos no calor dos problemas. À distância, tudo fica mais fácil –, observa Marlos, ferino. Fred acrescenta: – Sim, mas a proposta do exercício é exatamente essa, que a gente treine para que na hora H as coisas possam ser mais bem digeridas por cada um de nós.

– Essa tranquilidade somente é possível quando temos em mãos diversas opções que estão embasadas numa prática eficaz que já seja familiar, ou conhecida de todos. O complicado é lidar com o novo, numa situação nova, e de grande dificuldade, e ainda ter que negociar com quem está tão nervoso quanto nós –, bem observa Valdomiro, talvez confessando o que havia recentemente enfrentado.

George diz que a eficácia só se instala no processo quando as partes envolvidas conseguem objetivar o problema, por mais difícil que ele seja. – É assim que se conseguem alternativas criativas –, aposta ele, – não permitindo que as emoções dominem as discussões.

Mas Juarez, que está com a batuta na mão, afinando o tom a todo o momento, aproveita para adiar nossas conclusões: – Há que se considerar os temperamentos (veja gráfico abaixo). Eles podem desencadear verdadeiras explosões e às vezes inviabilizar um entendimento –, lembra.

Ao destacar que as reações espontâneas, as temperamentais são pouco controláveis, e em grande parte responsáveis pelos conflitos em grupo, Juarez vai configurando os diversos tipos. Diz que as características de cada pessoa é que podem causar conflitos nas discussões de um trabalho em grupo. O Colérico, por exemplo, quer ação aqui e agora, o Fleumático não tem pressa, prefere observar a propor decisões, observando cuidadosamente o que acontece no grupo. O Melancólico tem o talento de descobrir os potenciais problemas e dificuldades, contribuindo para evitar decisões intempestivas. Já o Sanguíneo, muito expansivo, vai propor várias alternativas, mas terá dificuldade de chegar a uma conclusão.

## TEMPERAMENTOS

| MELANCÓLICO | COLÉRICO |
|---|---|
| **Características:** | **Características:** |
| • Expressão séria/Sofrimento | • Olhos fogosos |
| • Olhos com pouco brilho | • Entroncado/Ativo |
| • Andar pausado/Vergado para frente | • Passos fortes/Firmes. |
| • Profundidade/Introspecção | • Impositivo/Vive no Querer |
| • Fiel, Sincero e exigente consigo | • Ideias elevadas |
| • Poucos amigos | • Senso de justiça/Acolhe quando tem necessidade |
| • Dificuldade de aceitar o ponto de vista | • Busca a imagem do herói/Toma iniciativa |
| **Desenvolvimento** | **Desenvolvimento:** |
| • Criar obstáculos reais | • Não confrontar/Deixar o fogo se extinguir |
| • Ver o sofrimento do outro | • Dar tarefas difíceis |
| **Elemento: Terra** | **Elemento: Fogo** |
| FLEUMÁTICO | SANGUÍNEO |
| **Características:** | **Características:** |
| • Olhos amigáveis | • Olhos brilhantes |
| • Expressa satisfação | • Simpático/Rosto expressivo |
| • Andar pesado/lento | • Andar leve/Ritmo flexível |
| • Presta atenção nos detalhes | • Superficial/Nervoso (a) |
| • Prazer na alimentação/Conforto | • Dificuldade de concretizar |
| • Fala pausado | • Expressa-se bem, mas se enrola |
| • Tendência a conservadorismo | • Mistura sonho e realidade |
| • Dificilmente se expõe | • Sociável |
| **Desenvolvimento:** | **Desenvolvimento:** |
| • Criar espaço para falar | • Encontrar o real interesse |
| • Convivência | • Mão firme com respeito e veneração |
| **Elemento: Água** | **Elemento: Ar** |

Eixos: Força Interior, Físico, Vital, Eu, Astral, Excitabilidade

Ao fim desse dia, fica patente o meu próprio temperamento: combino o Colérico ao Melancólico. E ultimamente estou mais para Melancólico; não encontro luzes no fim do túnel, ao menos elas não estão circulando pelo meu "mental", talvez se encontrem em algum outro nível que ainda não consigo perscrutar.

Durante o jantar, percebo algo diferente em mim e, em consequência, nos que me rodeiam. Conversamos sem armas, é um momento de prazer num dia tão conturbado pela discussão teórico/prática sobre os conflitos; é quase como se não tivéssemos outra possibilidade agora a não ser a de relaxar. Se não estou enganado, minha percepção é que as pessoas estejam agindo de uma maneira natural, trocando impressões sem defesas. Estarei eu vendo demais ou tudo isso é reflexo dos trabalhos que nesse processo proposto por Juarez efetuamos até agora?

## Atitudes anímicas: aprendendo com o espelho

No dia seguinte, a luta continua. Juarez nos propõe trabalhar com as sete atitudes anímicas "básicas" que, no seu entender, contribuem de forma decisiva para evitar ou solucionar conflitos. Elas são mais conscientes e controláveis do que os temperamentos, o que pode ser percebido na expressão: "Vou tomar uma atitude". Percebemos que algumas atitudes nos são mais fáceis de tomar que outras. Mas o ideal é desenvolver a nossa capacidade de utilizar as sete, quase como novas competências. Ele mostra um quadro (veja abaixo) e enumera resumidamente as sete Atitudes Anímicas básicas: (1) Sonhador/Conservador; (2) Flexível/Inovador; (3) Estético/Harmonizador; (4) Agressivo/Empreendedor; (5) Organizador/Pensador; (6) Inquisitivo/Pesquisador e (7) Integrador.

- Saber tomar a atitude adequada para cada situação, é sinal de sabedoria -, pontua ele, desafiando nossos sentimentos logo cedo.

## AS 7 ATITUDES ANÍMICAS

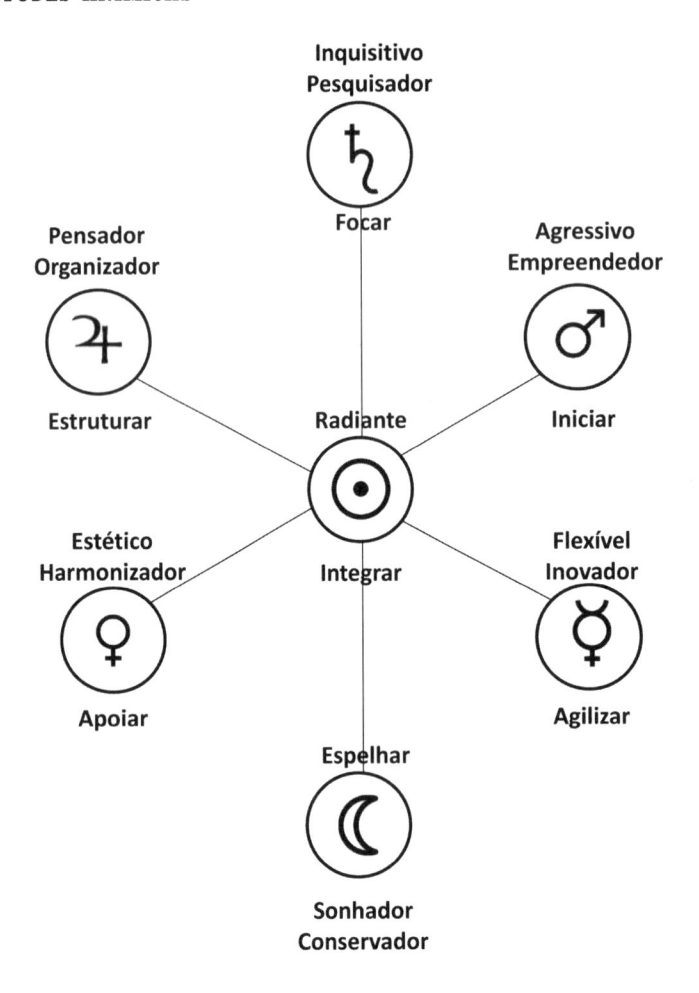

```
              Inquisitivo
              Pesquisador
                  ♄
                Focar

Pensador                        Agressivo
Organizador                     Empreendedor
    ♃                               ♂
 Estruturar      Radiante        Iniciar
                    ☉
  Estético      Integrar         Flexível
Harmonizador                     Inovador
    ♀                               ☿
  Apoiar                        Agilizar
                 Espelhar
                    ☾
                 Sonhador
                 Conservador
```

Em seguida, faz uma conexão entre os diversos conceitos, ampliando a visão do ser humano como um todo.

– Antes de qualquer coisa, gostaria de dizer que temos que procurar conhecer o nosso temperamento e o do outro e, ao mesmo tempo, lançar mão das atitudes anímicas mais corretas para cada situação. Quando conheço o meu próprio temperamento e ainda adiciono a isso uma atitude pertinente a um caso específico, estou com os instrumentos na mão para solucionar um conflito ou impedir que ele se instaure –, reforça. Alega que, ao entender os temperamentos, temos condições de perceber se "os outros" estão reagindo de forma negativa ou agressiva às nossas ideias. – Eles podem simplesmente estar se expressando de maneira característica ao próprio Temperamento, ou tomando uma Atitude inadequada –, expõe.

Como próximo passo, são realizados exercícios individuais, em grupo, e diálogos em duplas, que permitem um entendimento mais profundo dos conceitos das Atitudes Anímicas e das Atitudes preponderantes de cada um. Confesso que fico feliz ao olhar para os lados e sentir que um fio de integração nos amarra naquele exato momento: estamos usando o exercício para buscar nos decifrar mutuamente. Percebo uma mudança nítida no nosso relacionamento. É uma forma de nos conhecermos e nos distanciarmos por completo daquele tempo em que o diálogo ou a possibilidade de troca era uma perspectiva que o meu predecessor sequer cogitaria. Eu começava a acreditar que uma nova era estava por vir, eu, que também até bem pouco tempo, era incrédulo no que dizia respeito aos movimentos de grupo e à integração. Nesse sentido, ficou claro para mim que no passado eu não era assim o melhor exemplo de um chefe participativo. A confiança que eu depositava na minha equipe e nos resultados positivos de que tanto me orgulhavam na outra empresa eram reações imaturas, perto desse mundo de adultos do qual eu apenas me aproximava.

Num segundo momento, passamos a elaborar planos de ação em cima daqueles determinados conflitos apontados no início do Retiro. Apresentamos os mesmos em plenário, disponibilizando as decisões para que todos pudessem conhecê-las e, eventualmente, contribuir com sugestões próprias.

Ao término, cada participante dedica alguns minutos a uma reflexão individual: como meus Temperamentos e Atitudes Anímicas contribuíram para gerar ou evitar conflitos no meu trabalho e nas minhas relações pessoais? As reflexões são anotadas individualmente, discutidas em trios e servem de impulso para o próximo passo de autodesenvolvimento de cada um. Eu arrisco a dizer que de fato começava a me sentir capaz de entender como melhorar minhas relações interpessoais. E que o sentimento era bom.

## MEUS PENSAMENTOS

*O conflito absorve energias que deveriam ser dedicadas à busca de soluções e à execução das ações que gerem resultados para a empresa.*

*Entender aos outros e a nós mesmos é fundamental para permitir um relacionamento autêntico e saudável.*

# 9

# Dois passos para frente, um para trás

> *Percebi que o passado não faria mais diferença.*
> *Então resolvi mudar o futuro.*
> *Quem olha para fora sonha;*
> *quem olha para dentro acorda.*
> **C. G. Jung**

Eu já havia experimentado isso uma vez: avançar e recuar em seguida. Não era novidade. Mais uma vez me debatia na tentativa de fazer diferente, mas a tendência ao retrocesso sempre aparece quando ainda não temos clareza aonde queremos chegar e, portanto, não conseguimos identificar o que é que está atravancando o caminho. As coisas começavam a clarear bem aos pouquinhos, e todo aquele universo novo me incitava de uma maneira indescritível, mexendo com o âmago do meu ser. Talvez fosse isso. A descoberta de um novo mundo me deixava excitado e, ao mesmo tempo, deprimido, como se até então eu não houvesse feito nada mais na minha existência a não ser perder tempo. Era preciso me livrar desse sentimento para poder caminhar para frente. Tinha pressa, muitas dúvidas de como concretizar todo aquele aprendizado em mim mesmo, e como colher frutos; isso era o que mais interessava. Não conseguia tirar da cabeça uma imagem do problema que nos separava da situação de sucesso à qual eu gostaria de fazer a empresa chegar o quanto antes; eu me encontrava no limbo, entre passado e futuro. E na cabeça reverberava algo que não lembro quem havia dito durante o segundo retiro: se correr o bicho pega, se ficar o bicho come, se enfrentar o bicho some. Será mesmo?

# O Processo Decisório na prática

A questão era resolver de uma vez por todas o fornecimento acima das necessidades. A reunião começa com Joaquim (Suprimentos), Ronaldo (Logística), Fred (Qualidade) e Marcos (Financeiro), com o objetivo de terminar com um ou mais planos de ação. Ao início da reunião, os quatro se recordam do segundo retiro em que o conflito entre eles foi um dos temas de discussão. Nessa discussão, ficou evidente que realmente havia não um conflito propriamente dito, mas sim diferenças de percepção. A pedido de Juarez, Marlos e George estariam presentes, mas deveriam interferir apenas se as coisas se tornassem insustentáveis. A missão do grupo era achar uma solução, utilizando-se de todos os recursos aprendidos até então, a partir da aplicação do Processo Decisório.

Ao início da reunião, Joaquim propõe que se faça um acordo. –Vamos tentar evitar discussões baseadas em nossas opiniões pessoais e vamos buscar uma solução conjunta. Para que a reunião seja produtiva, vamos tentar aplicar o PD no qual o Juarez insiste tanto.

Ronaldo, Fred e Marcos imediatamente concordam com a proposta e a reunião tem início.

### Fase 1 – Planejamento: Enunciar o objetivo da reunião

Os quatro concordam que o objetivo da reunião é conseguir com os fornecedores que as entregas sejam feitas apenas no volume necessário para o ritmo atual de produção. Fred se dispõe a coordenar a reunião.

### Fase 2 – Formação de imagem

A – Passado

Fred alerta: - É neste momento que cada um traz as informações de que dispõe. Não é o momento para discussões. Que simplesmente cada um coloque as informações, dados e fatos de que dispõe -. Ele inicia aportando as informações de que dispõe.

Fred: - No passado, pressionávamos os fornecedores para que aumentassem os volumes de entrega; chegamos até a apoiar alguns dos mais importantes na consecução de financiamento para ampliar a capacidade de produção. Levantamos os principais fornecedores e pudemos constatar que oitenta por cento do fornecimento estão com quatro fornecedores. Estes são os que mais têm insistido em fornecer de acordo com os pedidos originais, resistindo à nossa solicitação de redução das entregas. Os argumentos são: Não podemos reduzir, pois nos organizamos para produzir de acordo com seus pedidos; não temos como reduzir as entregas (entenda-se faturamento), pois vai nos gerar um problema de rentabilidade e capital de giro; o que deixarmos de produzir agora, vocês depois vão pedir com urgência etc.

Marcos: - Os inventários excessivos têm gerado problemas de capital de giro. É um dos motivos dos problemas de rentabilidade, ou seja, exatamente o que nossos fornecedores temem que aconteça com eles.

Joaquim esclarece que esses quatro fornecedores sempre foram confiáveis quanto ao prazo de entrega e à qualidade. Apesar de que dois deles - conforme disse Fred – têm apresentado problemas quanto à qualidade de algumas entregas. Mas não vamos discutir agora e sim na Fase 3 do processo decisório -, e acrescenta: - Nas negociações anteriores que tive com eles, houve até um acordo para uma certa redução pontual de alguns itens, o que de fato foi realizado. Mas ainda estamos longe da redução necessária.

Ronaldo confirma que esses quatro realmente fornecem o maior volume físico e financeiro de peças, contribuindo de forma definitiva para abarrotar os inventários. Mas argumenta: - Sempre tivemos excelentes relações com estes fornecedores. Se impusermos unilateralmente as reduções, vamos gerar uma ruptura nada desejável. Assim como eles dependem de nós, nós dependemos deles para urgências, adaptações da engenharia de produtos, etc.

Joaquim expõe que as relações com esses fornecedores e também com os outros menores sempre foram bastante cordiais e que nunca faltou diálogo de ambas as partes quando havia problemas. Destaca também que sempre que necessitou, os principais fornecedores se dispuseram a aumentar o fornecimento em curto prazo.

– Os fornecedores têm sempre se mostrado dispostos a solucionar problemas. Ultimamente, por exemplo, têm concordado em postergar algumas entregas para nos ajudar na redução de inventários. Mas isto está longe do que necessitamos. Para efetivamente equilibrar nossos inventários, teríamos que cancelar todos os pedidos pendentes e emitir mensalmente novos pedidos com as quantidades que necessitamos. De fato, imagino que reduziríamos seu fornecimento em setenta por cento, por algumas semanas ou meses. E isto parece algo que os fornecedores não têm como digerir.

Ronaldo pergunta como está a situação atual desses fornecedores. Joaquim então diz que eles estão enfrentando problemas com outros clientes que também reduziram suas compras por causa da crise.

Ronaldo apresenta o levantamento da atual situação: Inventários, consumo mensal e volume de fornecimento mensal contratado e realizado pelos fornecedores. A partir disto, fica claro que, ao menos nos próximos meses, será necessária uma redução de cinquenta por cento ou mais no fornecimento, até que os inventários estejam equilibrados. Podemos supor que essa situação financeira deles será um entrave para o nosso plano de redução de entregas.

Fred, que esteve mais assistindo do que falando, comenta então: – Interessante, parece que nesses poucos dados e fatos, que se referem apenas à formação de imagem do passado e da situação atual, conseguimos definir com muita clareza os fatos mais importantes referentes a esse tema. Acho mesmo que, a partir disso, poderíamos seguir para a fase seguinte.

B – Futuro

Fred esclarece que também nesta fase não deverá haver discussões.

Será uma espécie de *brainstorming*, em que todas as ideias são válidas, mesmo que pareçam inadequadas ou até absurdas. O importante é levantar todas as possíveis soluções para resolver o nosso problema. Os outros concordam e começa-se então a nova fase: formar uma imagem sobre todas as possíveis soluções para o tema em questão.

Imediatamente, Ronaldo se dispõe a revisar cuidadosamente o volume de peças a ser fornecido por cada um dos fornecedores.

Joaquim propõe uma reunião com eles, em que se procure entender qual seria o impacto da redução de fornecimento para cada um deles. E aí oferecer alguma compensação para isso.

Ronaldo diz que uma possível solução é não reduzir a zero as entregas, mas propor que os fornecedores continuem fornecendo, talvez uns cinquenta por cento do volume que tínhamos pedido. Assim, não paramos suas fábricas, mas começamos a reduzir os estoques.

Fred diz: – Vamos oferecer fazer o controle de qualidade no próprio fornecedor.

Joaquim: – Boa ideia, dessa forma, evitamos devoluções.

Ronaldo: – Podemos aceitar que o fornecedor fature depois de aprovada a qualidade, mas só entregue no volume necessário. Assim reduzimos o nosso estoque físico. Outra alternativa seria manter o volume de entregas, mas negociar condições de pagamento bem mais longas.

Joaquim diz: – Vamos experimentar nos quatro grandes fornecedores.

Ronaldo sugere: – Vamos fazer um mutirão de controle de qualidade para devolver de imediato as peças que não estão aprovadas.

Fred: – Para esse processo que o Ronaldo sugere, vamos convidar os fornecedores a nos ajudar no controle de qualidade dentro do nosso depósito. E vamos solicitar aos fornecedores a suspensão imediata de todas as entregas por quinze dias. Exceto aquelas que venhamos a estabelecer com eles.

Joaquim: – Temos que expor aos fornecedores a situação como ela é.

Podemos pedir sugestões a eles, mas é necessário que façam a redução.

Outras sugestões: Desenvolver novos fornecedores; verificar se há algumas peças que produzimos na nossa fábrica e que seria conveniente terceirizar; apoiá-los na redução de seus custos variáveis; pedir a eles que apresentem sugestões para os itens que eles já tenham em produção, comprometendo-nos a recebê-los dentro de no máximo doze meses; definir o que necessitamos efetivamente nos próximos noventa dias, considerando nossos inventários atuais e nossa previsão de vendas; envolver os fornecedores na solução, etc.

Novamente o Fred faz comentários: – É incrível que nós quatro estejamos criando soluções sem discussões e sem gerar conflitos. Eu realmente estou começando a me entusiasmar com o PD.

Joaquim: – Bom, até agora só levantamos possibilidades. Por enquanto não temos uma solução ideal para o problema.

Ronaldo: – Mas eu tenho a impressão de que, entre as diferentes sugestões que levantamos, algumas poderão contribuir para uma solução definitiva do problema. E que tal se a gente agora fosse para a fase três, dando o próximo passo? – Todos concordam e passam à fase de julgamento.

## Fase 3 – Julgamento

– Então –, continua Fred, – o importante agora é selecionar algumas ou uma sugestão das que levantamos para que a gente possa aprofundá-las. Agora é o momento de discutir em profundidade quais dessas sugestões parecem ter maior probabilidade de sucesso.

Joaquim imediatamente entra com uma definição: – Falar com os nossos fornecedores, começando pelos quatro principais, é evidentemente um caminho possível, mas como vamos convencê-los a aceitar uma redução de fornecimento? Eventualmente teremos que impor as reduções se não houver boa vontade dos fornecedores. No entanto, seria desejável evitar uma solução imposta.

Ronaldo comenta: – Se oferecermos algum tipo de compensação como, por exemplo, o controle de qualidade feito por nós no fornecedor ou a alternativa que emitam as faturas do volume total com prazos de pagamento bem ampliados, mas entreguem fisicamente de acordo com as nossas necessidades, ou até oferecer-lhes alguma ajuda financeira, ainda que limitada e só em situações sem outra saída, talvez consigamos uma solução aceitável.

Fred observa: – Isso não resolve o problema porque teríamos o custo do fornecimento da mesma forma. Mas poderíamos oferecer-lhes nosso apoio junto aos bancos para que consigam um empréstimo-ponte para o seu capital de giro.

Joaquim então diz: – Estou de acordo e acho que isto poderia dourar a pílula por algumas semanas, até que o fornecedor ajustasse o seu ritmo de produção ao nosso nível de necessidades.

Ronaldo volta a insistir: – O importante é conseguirmos diminuir o volume físico e o custo desse inventário. Creio que não nos resta alternativa senão insistir de imediato com eles (fornecedores) a redução do fornecimento. Concordo com a ideia de suspender por quinze dias o fornecimento, até que tenhamos renegociado o volume a ser faturado. Naturalmente manteremos o fornecimento das necessidades imediatas que poderíamos ir liberando de forma organizada junto ao fornecedor.

Fred pergunta: – O que vocês acham, temos aí alguma solução viável?

Joaquim responde: – Acredito que, dentro dessas sugestões, poderíamos encontrar uma ou duas para iniciar a ação.

Fred diz que se estamos de acordo podemos ir para a fase 4 e trabalhar de forma mais detalhada uma ou outra das propostas já mencionadas.

Ronaldo diz: – Acho que sim.

## Fase 4 – decisão ou solução

Fred explica: – Nessa fase, devemos selecionar uma ou mais soluções e levá-las até um plano de ação.

Joaquim então comenta: – Realmente estou de acordo que agora temos que tomar uma decisão. Creio que o problema ficou suficientemente claro, mas sinto dizer que estou visualizando uma solução que fica apenas sob a minha responsabilidade: conversar com os fornecedores e tentar entender como reduzir imediatamente o fornecimento, sem criar uma situação que ponha a sobrevivência do fornecedor em risco.

Ronaldo diz então: – Acho que você tem toda razão. E vocês sabem como é o Roberto. Se a gente não fizer algo concreto em curto prazo, ele vai descarregar sua frustração sobre nós.

O Fred menciona ainda que, com as diversas possibilidades levantadas, Joaquim, ao conversar com os fornecedores, seguramente poderá aliviar um pouco a pressão decorrente da redução de fornecimento. Fred ainda propõe que nas visitas a eles estejam presentes os quatro que participaram desta reunião. E acrescenta: – Vamos então definir os nossos próximos passos: Vamos estabelecer quem será responsável por esse processo como um todo.

Ronaldo diz que a ele parece que essa responsabilidade deve ficar com o Joaquim, sendo que ele, Ronaldo, se dispõe a apoiar com dados e informações e até negociações com os fornecedores.

Joaquim concorda que a responsabilidade é dele. E propõe que se comece a fazer as reuniões com os fornecedores ainda nessa semana: com os quatro principais. Sugere ainda que a reunião seja feito no ambiente dos fornecedores.

Ronaldo trará as informações com relação ao volume de peças necessárias no mês e no período dos próximos seis meses.

Fred se dispõe a negociar com os fornecedores o controle de qualidade, tanto daquelas peças em nosso inventário quanto aos fornecimentos futuros. E ele pergunta: – Que resultados podemos esperar dessas reuniões?

Joaquim responde: – No mínimo vamos conseguir uma redução do fornecimento que idealmente seria imediato. Mesmo se nós conseguirmos que a redução seja a partir do próximo mês, já teremos avançado bastante para a redução dos inventários.

Ronaldo: – Vou verificar com a Produção, se há algum item que, por motivos de custo ou capacidade, possa ter sua produção terceirizada. Assim "douramos a pílula".

Avaliação

Fred diz: - Avançamos o suficiente para conseguir dar passos concretos. Creio que é o momento para fazermos uma pequena avaliação dessa nossa reunião. Gostaria de começar dizendo que, para mim, a coordenação foi uma experiência nova. Senti-me muito contente com o processo decisório em si, que me deu a impressão de ser bastante eficaz. Evitamos as discussões improdutivas. É verdade que somos apenas quatro, mas conseguimos manter um ambiente muito positivo entre nós.

Joaquim: - Ao final, concluímos de forma categórica que não existe outra alternativa senão uma negociação imediata com os fornecedores, mas encontramos algumas possibilidades de negociação que demonstram a nossos fornecedores que temos boa vontade.

Joaquim: - Confirmo o que disse o Fred. Foi um ambiente positivo não conflitivo. E agora ao final tenho a impressão que essa decisão é de nós quatro, não foi imposta por nenhum dos participantes.

Ronaldo: - Senti um alívio. Parece que vamos realmente caminhar para uma rápida redução dos nossos inventários. Gostei de ter conversas tão abertas com vocês três, considerando que antes vivíamos às turras. Quero ainda dar os parabéns ao Fred pela coordenação. Vejo que o PD pode ser muito eficaz.

Dois dias mais tarde, em encontro preparatório para as primeiras visitas aos fornecedores, uma surpresa: Ronaldo relata que, ao falar com os Gerentes de Produção, soube que, no passado, alguns itens atualmente produzidos na nossa linha foram fornecidos por alguns de nossos principais fornecedores. Iniciamos a produção em nossas máquinas, pois os fornecedores não tinham capacidade. Os Gerentes de Produção gostariam muito de transferir esta produção para fora, pois, apesar da queda de Vendas, estes itens continuam gerando um gargalo na produção e, como não temos as máquinas adequadas, geram um custo muito elevado. São exatamente estes itens que têm gerado algumas das reclamações de nossos clientes, quanto ao atraso de entregas. Aqui está uma típica situação em que todos ganham: Terceirizamos a produção de itens que nos causam problemas em nossa linha de produção e atendemos a necessidade de nossos fornecedores, quanto a aproveitar sua capacidade de produção.

A avaliação dos encarregados de encontrar uma solução definitiva para a logística foi uma surpresa em parte para mim. Enquanto George relatava os detalhes, pontuando que os quatro elogiaram a eficácia do Processo Decisório – o que permitiu uma "conversa aberta" e um novo clima, bem diverso daquele em que eles "viviam às turras", como disseram, eu pensava no poder da ferramenta. Ao focarem no problema, e no tema evocado por ele, dentro de um contexto em que é fundamental ser positivo e objetivo para achar soluções, os envolvidos deixam de lado quaisquer picuinhas pessoais. O confronto passa a ser de ideias, como deve ser, e não de pessoas. Até aí parece óbvio. É preciso exercitar a pergunta e o ouvir para buscar alternativas em conjunto, o que obriga os integrantes do grupo a se concentrarem mais e se tornarem mais produtivos.

Ao mesmo tempo, fica claro que a sistematização do PD não é suficiente para a descoberta das soluções. Ao que tudo indica, parece que pessoas que se comunicam com certa clareza de palavras e intenções, valendo-se de informações pertinentes e com base na realidade, tendem a utilizar mais do que a inteligência racional para achar as saídas que as situações exigem. Com certeza, por trás do fato de procurarem elementos em comum, e factíveis, o discutir "saudável" abre novas perspectivas também nas relações. Foi o que o gerente da logística deixou entrever quando declarou: – Sinto-me aliviado –. No que Fred, da qualidade, completou: – O melhor foi perceber que essa decisão é de nós quatro, não foi imposta por nenhum dos participantes.

No meu entender, isso era o mais novo no cenário, inclusive para mim.

## Reflexos sistêmicos

Nesse mesmo dia em que George veio me relatar os resultados da reunião, eu resolvi cumprir parte do meu compromisso, aquele que me levava a exercitar o meu ouvir e o deixar falar. Ao me despedir de George, diante de Sonia, minha secretária, senti que seus olhos estavam dizendo algo e que ela queria falar alguma coisa. Convidei-a a vir à minha sala com o pretexto de despachar algumas tarefas e a provoquei.

– Já estou aqui há algum tempo. Gostaria de ouvir as suas impressões quanto ao clima que reina por aqui. Você tem notado alguma coisa de diferente na empresa?

– Eu não via a hora que o Senhor me perguntasse isso. Tenho notado mudanças nos semblantes dos colegas e um zum zum zum que há muito não percebia por aqui. Como já passou o período das demissões, fiquei me perguntando o que era que estava acontecendo. E apurei junto às minhas fontes, que as mudanças são muitas e têm vindo desse processo de reestruturação que o Senhor vem empreendendo com a ajuda do Senhor Juarez. Não há um só funcionário que não esteja comentando o que se passa nos retiros.

– E de que natureza são esses comentários? O que dizem eles?

– São variados –, Sonia diz sorrindo. – Há quem esteja entusiasmado com as novas perspectivas, há os que obviamente reclamam porque não conseguem se livrar desse terrível hábito e aqueles que ainda estão céticos, mas que acreditam que deverão se integrar de alguma maneira aos novos processos. O que mais tenho ouvido são palavras nada usuais em nosso repertório: gestão participativa, desenvolvimento de pessoas, equilíbrio, perspectivas, futuro, eficácia, enfim, coisas do gênero.

– E isso a surpreende?

– Sinceramente, sim. E muito. Estou aqui há oito anos e nunca ouvi nada semelhante. Para falar a verdade, não ouvíamos muita coisa nos últimos tempos. Reinava um silêncio constrangedor por aqui. Se o Senhor me permite, gostaria de cumprimentá-lo por trazer um pouco de vida à nossa empresa, mesmo que ainda veja muitas expressões confusas e algumas contrariadas por aí. E já que estamos aqui conversando, acredito que pela primeira vez, gostaria de lhe perguntar: para onde estamos indo?

- Se você me permite, respondo, também devolvendo a sinceridade, ainda não conseguimos vislumbrar até onde irão essas mudanças e o que elas irão trazer para nós profissional e pessoalmente. Mas estou apostando que o processo é coletivo e que todos estamos aprendendo um pouco, ainda que a duras penas, e que o que virá disso tudo será muito positivo para a empresa.

- Por que a duras penas?

- Esse trabalho, embora comece a mostrar um caminho, ou seja, a indicar que para crescer precisamos rever nossas atitudes e nossa forma de trabalhar e construir uma nova identidade empresarial, ele acontece em plena crise. Isso significa que, além do dia a dia difícil, com problemas que você sabe muito bem quais são, temos que olhar para a forma como vínhamos fazendo até então e encontrar novos caminhos que, a médio e longo prazos, nos deem mais retorno financeiro. Isso sem contar com o fato de que a nossa unidade deverá servir de exemplo para outras unidades da nossa Corporação em todo o Brasil, como sendo aquela que está incubando um novo processo de gestão participativa.

- Com relação ao crescimento, me parece que não existe outra saída; para crescer, temos que lidar com o imponderável, faz parte do aprendizado, não é mesmo? O que não consigo ainda ver é como nós serviremos de exemplo quando estamos chafurdando nesse terreno um tanto enlameado ainda. Esse é o nosso grande desafio, Sonia, esse é o desafio.

- Na fábrica não se fala outra coisa no momento do que o retiro que o segundo escalão da gerência e supervisores também irá fazer. É verdade?

- Provavelmente sim. O que estamos buscando é que todos os níveis de fato entrem em contato com as nossas novas necessidades e esse segundo escalão é quem lida diretamente com os funcionários. Não podemos empreender qualquer mudança sem envolvê-los, procurando sensibilizá-los. Você não acha?

- Concordo plenamente. Mas aí é que está o mais complicado, em minha opinião. Se o Senhor me permite mais uma vez...

– Vamos combinar uma coisa? De hoje em diante, gostaria de contar com a sua opinião, não apenas no que diz respeito à minha liderança, mas também no sentido de colocá-la de olhos e ouvidos atentos para os grandes rumores e questões importantes que estejam ocorrendo por aí. Estamos acordados?

– Sim, sim –, ela responde, – ficando ligeiramente rubra. – Pois então, já que o Senhor está me pedindo considerações, saiba que difícil será mobilizar esse segundo escalão que jamais ouviu falar desses modernos conceitos que o Senhor e o Sr. Juarez estão pretendendo implantar por aqui. Eles são cabeça-dura.

– Veremos, Sonia. De qualquer forma, obrigado pela sua opinião.

Já em casa, Marlene resolve me inquirir como andam as coisas; inquirir, esse era o verbo. Talvez pressentindo que eu estivesse receptivo como há muito tempo não me encontrava, ela puxa uma conversa sobre a empresa e, quando nos damos conta, estamos falando de intuição e percepção, ou melhor, eu estou explorando essas competências quase naturais nas mulheres, coisa que nunca olhei com muita seriedade, nem preciso mencionar. Conto para ela o que me impressionou no segundo retiro, falo dos temperamentos, das atitudes anímicas e pergunto como é que ela me vê. Continuo empenhado no exercício do ouvir para investigar o sentir.

– Em que sentido? Qual é o seu temperamento?

– Sim, se alguém desse a você essas quatro opções para me definir, melancólico, colérico, fleumático e sanguíneo, qual das quatro você escolheria?

Marlene quase engasga com a pergunta. Mas se recupera rápido e responde sem pestanejar.

– Colérico, sem dúvida, e talvez melancólico, em alguns momentos. Não é difícil perceber. Você é transparente ou talvez seja a nossa longa convivência. Acertei?

– Uau, quem diria que eu tenho outro Juarez em casa. Se soubesse, teria contratado você ao invés dele. Sem brincadeiras, temos discutido coisas desse tipo. Juarez insiste e o segundo retiro foi sobre o Pensar, o Sentir e o Querer, conceitos que perpassam a nossa personalidade e que devem estar em equilíbrio também no mundo do trabalho. Ele diz que, no meu caso, o Pensar e o Querer atuam quase à minha revelia, e que o Sentir eu preciso trabalhar, uma vez que além de ser a ponte entre os dois, é o que nos permite uma troca entre o mundo exterior e o interior. Mas algo me diz que o Sentir não se resume apenas à habilidade de ter sentimentos, ser sensível a eles. Trata-se de algo mais profundo que vai na linha da percepção, você não acha?

## Entendendo o "Sentir"

– Vejo que você já começa a exercitar o Sentir –, diz ela, rindo. – Sim, acredito que o Sentir é uma percepção devidamente desenvolvida e explorada. Primeiro nos damos conta da sua existência e depois passamos a contar com ela, buscando impressões sobre as mais variadas coisas que não são assim tão evidentes. E se essa perceptividade é constantemente utilizada, é quase como se abríssemos alguns canais que nos levam a um portal de um novo mundo, mais ou menos como nos mostram os filmes de ficção científica. Mas os homens de negócios não têm essa capacidade altamente desenvolvida? Se não têm, deveriam ter, não é mesmo?

– Sim, os empreendedores principalmente, mas também os executivos. Só que, no meu caso, prevalece o racional e a ação direta e objetiva. Juarez acredita que, por conta do meu temperamento, não tenho exercitado o Sentir, o que me atrapalha muito na medida em que não só atropelo os outros como, às vezes, me atropelo também.

– Interessante –, diz Marlene. – E o que você vem fazendo para abrir esse canal?

– Começo a prestar atenção na forma como os outros agem, não só o que dizem, mas como o dizem, se há ou não sintonia entre gestos e palavras. Confesso que estou descobrindo um verdadeiro mundo novo; sinto-me, no entanto, ainda engatinhando com relação a como me movimentar em meio à nova perspectiva.

- Recomendo então que você observe os garotos. Eles com certeza têm muito a te ensinar. Dê um giro com eles, leve-os para algum passeio ou festinha de aniversário. Veja como eles interagem. Acho que no mínimo será curioso para você.

- Farei isso -, respondi.

Mas não foi só isso. Durante a conversa com Marlene, percebi que uma forma de unir os elos da cadeia seria misturar o pensar com o sentir. Foi aí que surgiu a ideia de fazer um churrasco para a diretoria na minha própria casa, sugestão de Marlene, nem preciso dizer, mas prontamente acatada, o que me surpreendeu bastante, visto que sempre procurei manter esses universos separados.

## Um surto de nostalgia e saudade

Acordei naquele sábado com um pressentimento estranho e, só de pensar nessa palavra, me arrepiei, coisa que era completamente inédita, tanto a palavra quanto o sentimento. Já estava arrependido de ter concordado com a ideia do churrasco, mas Marlene e os meninos haviam se entusiasmado e era a primeira vez que eu abriria a minha casa para receber os membros da diretoria. O sol estava forte, a churrasqueira pronta e, quando deu meio-dia, abri a porta para Marlos. Ele chegou trazendo uma cachaça especial da região e me apresentou sua mulher, Olívia, que combinava perfeitamente com ele: era uma dona de casa típica, bem apessoada, alguém que deve ter sido bonita um dia, mas que não andava se cuidando muito nos últimos tempos. Havia forçado a mão na arrumação para o churrasco. Logo chegaram os outros e as rodinhas se formaram. As esposas de George e Nilton - que também haviam abusado do brilho e do salto para a ocasião -, se juntaram à Marlene e Olívia, enquanto nós, os homens, procurávamos conversar sobre amenidades, com certeza para esconder a nossa falta de jeito típica de pessoas comuns fora do ambiente de trabalho.

Não demorou para o álcool quebrar a formalidade. Notei que Marlos e Nilton demonstravam cumplicidade na hora de virar os copos da famosa cachaça e que o tom esquentava. Os dois passaram a lembrar de um tempo em que a empresa só dava lucros. Exaltavam a dobradinha que se tornou conhecida nos arredores pelos churrascos que eles próprios promoviam, dentro da empresa, a cada vez que queriam comemorar uma melhoria no faturamento ou algum outro feito. Com o tempo, assar carnes e reunir às vezes quase cem pessoas passou a ser rotineiro, simplesmente porque eles apreciavam ser percebidos como os líderes que sabiam festejar, foi o que deixaram entrever. A farra, claramente turbinada pelo consumo excessivo de bebida, terminou no dia em que a polícia teve que ser chamada para dar fim a uma briga pessoal, quando houve ameaças físicas de um dos subordinados do Marlos. Maurício mandou suspender toda e qualquer festividade dentro ou nas cercanias da fábrica.

- Foi um tempo bom esse -, revelou Marlos, visivelmente saudoso de como se sentia na época.

- É, e o melhor é que o Maurício sempre aparecia no início e nos dava uma desculpa dizendo que deveria sair mais cedo, ou seja, fazíamos a nossa festa -, emendou Nilton.

Esses foram alguns dos comentários em relação ao meu predecessor, muito lisonjeiros, dando a entender que ele fazia as coisas bem melhor do que eu, diga-se de passagem, sem ao menos respeitar que estavam dentro da minha própria casa. Será que eles eram proferidos com o propósito de me alertar que eles bem sabiam que eu carregava a pá de cal que iria definitivamente terminar aquele "bom tempo"? Senti-me desconfortável com tudo isso, principalmente por me dar conta de que esses eram os tais sintomas de que o Juarez tanto falava. O jeito ruidoso de eles serem e, porque não dizer, grosseiro, demonstrava que ainda estávamos longe de corrigir as verdadeiras causas, estimulando a implantação de uma conduta mais profissional e amadurecida. Fiquei com um gosto amargo na boca pelo resto do dia.

Vieram à minha lembrança reminiscências do tempo em que eu morava com a família em São Paulo, e vivia uma vida cômoda e tranquila e, por alguns segundo, eu desejei jamais ter pisado naquele lugar. Aproveitei o bom tempo para passear com a família e, aos poucos, fui encontrando o equilíbrio interno: quem é responsável pelos meus sentimentos negativos? Afinal, sou eu que os tenho e só eu posso lidar com eles. A partir desta percepção, meus sentimentos começaram a se desanuviar e me permitiram retomar meu desafio com disposição e energia.

## MEUS PENSAMENTOS

*O caminho é longo quando se busca mudanças fundamentais. Quando elevamos muito nossas expectativas, há o risco de também sofrermos muitas decepções. No entanto, o crucial é verificar se há uma inversão de tendências, se estamos conseguindo manter um movimento ascendente.*

# 10

# Os desafios chamados Missão e Visão (o terceiro Retiro)

> *Se você quiser construir um navio, não chame os homens para buscarem as madeiras, prepararem as ferramentas e distribuírem os trabalhos, mas ensine-os a almejar a infinidade do mar.*
>
> **Antoine de Saint Exupéry**

A semana começava tensa, mais dentro de mim do que no entorno. Eu havia dormido mal de domingo para segunda e tive um pesadelo que me deixou profundamente abalado. Sonhei que eu era chamado às pressas no meio da noite porque a fábrica estava pegando fogo; todos os bombeiros da cidade haviam sido convocados, mas não havia meios de o fogo ceder, as chamas consumiam cada centímetro de nossas peças, as lonas amarelas, que pareciam se multiplicar a cada olhar, se confundiam com as labaredas. Quando me aproximei do portão principal, o capitão dos bombeiros, que tinha as feições de George, vinha correndo em minha direção com o seguinte veredito: - Fizemos de tudo para salvá-la, mas não houve jeito -, sentenciou ele, como se estivesse ao lado de uma moribunda na qual já haviam sido aplicados vários choques, inutilmente.

Foi ainda com essa sensação de que as coisas estavam fora do controle que eu cheguei aquele dia na empresa. A semana prometia, uma vez que estávamos prestes a começar o nosso terceiro Retiro, e Juarez havia garantido que dessa vez as coisas deveriam ficar mais claras. Iríamos redefinir a nossa Missão e a nossa Visão. Com isso estaríamos definindo os nossos objetivos e nossa visão estratégica de médio e longo prazo. Estaríamos criando as condições para que todos pudessem remar na mesma direção e fincar as estacas de uma nova identidade organizacional. Minhas expectativas, sinceramente, eram mais no sentido de que isto nos ajudasse a conseguir resultados mensuráveis, ainda que de curto prazo.

Depois de despachar com Sonia e tentar configurar com ela a semana na qual estaria fora, fui encontrar Juarez e o primeiro escalão no restaurante da diretoria. Cada um deles tinha um comentário animador sobre a situação atual da empresa, mas a essência pode ser resumida. Os efeitos da greve parecem estar se diluindo, ganhamos algo em produtividade, recontratamos alguns funcionários dos que demitimos e parece que continua havendo um gradual crescimento dos pedidos dos nossos clientes.

George comenta: – Os avanços começam a surgir –, diz otimista.

Juarez: – Da minha parte, estou recebendo umas vibrações positivas, mas gostaria que isso fosse trabalhado durante o Retiro. Vocês devem saber também que estou dando prosseguimento aos Retiros do segundo e terceiro escalão e o que eu posso adiantar é que o sentimento é de ebulição, parece que eles estão começando a vivenciar transformações verdadeiras, pelo que estou percebendo.

Conto então aos presentes o sonho do incêndio que tive e a sensação de incômodo que ainda me acompanha, como se não houvesse mais tempo para salvarmos a "moribunda"; incômodo acirrado talvez pelo fato de que em breve serei obrigado a me reportar ao Conselho e não sei se poderei levar a notícia de que o salvamento ocorreu, apesar do fogo ter sido intenso e da empresa ter se transformado numa montanha de cinzas.

Juarez vem então, mais uma vez, em meu apoio: – Os sonhos não ocorrem por acaso. Saiba que, assim como podemos entender a empresa nos quatro níveis, também podemos relacioná-la aos quatro elementos da natureza. E o fogo, Roberto, está relacionado à identidade da empresa, à sua missão, sua visão e sua cultura, exercício que será feito nesse terceiro Retiro.

## Ampliando a Visão

Encontramo-nos na primeira tarde do Retiro, antes do início dos trabalhos e Juarez faz uma retrospectiva. Explica que no primeiro se trabalhou as pontes entre a organização e o ser humano, trabalhamos o Pensar, Sentir e Querer e as leis da biografia. Procuramos fornecer ferramentas de diagnóstico nos quatro níveis e praticar o PD como instrumento para aumentar a eficácia das reuniões. No segundo Retiro, a ênfase foi nas relações, visando mapear os conflitos e entender os Temperamentos e as Atitudes. O objetivo era o de entender e administrar os conflitos, aplicando instrumentos capazes de solucioná-los. Agora no terceiro, no entanto, o objetivo é enfocar a organização, em longo prazo, procurando estabelecer os primeiros passos em direção à Visão e à Missão, detalhando posteriormente as estratégias de médio e longo prazo.

Estou mais ansioso do que nunca. Aquele churrasco não me sai da cabeça. Como podemos mudar as atitudes saudosistas que ainda impregnam a organização? Nesse momento, me dou conta do porque do sonho com fogo. – Juarez, não podemos inverter nosso plano? Começar por tudo o que nos aflige? É possível fazer conexões e relações que nos apontem estratégias também de curto prazo?

Juarez diz que, a partir da Visão e da construção de estratégias, iremos chegar aos objetivos almejados. – Como foi o resultado do trabalho em grupos decidido durante a minha participação na reunião operacional depois do segundo Retiro? Ali havíamos nos concentrado em alguns tópicos que devem contribuir para as mudanças dos resultados da empresa.

Respondo que voltamos a trabalhar em cada um dos tópicos e que, no caso do grupo responsável pela logística, as decisões foram rápidas e certeiras, mas que os resultados concretos estão apenas no início.

Juarez: - Talvez pudéssemos iniciar o terceiro Retiro com uma apresentação das atividades implementadas desde o último, para refrescarmos a memória e para termos noção do quanto avançamos -, pontua ele. - Ao mesmo tempo, poderíamos fazer um balanço do que vêm ocorrendo nos grupos menores. Será uma oportunidade excelente para que o grupo todo se conscientize do trabalho e analise até que ponto está conseguindo definir ações que assegurem a consecução dos resultados.

- Veja, Roberto -, enfatiza ele, - ao reconhecer os avanços positivos, você cria no grupo todo a consciência de que: 1. trabalhamos para obter resultados e 2. queremos saber e reconhecer quando estes são alcançados.

- Para mim é um pouco difícil essa atitude que você chama de positiva. Eu tenho a tendência a registrar o que ainda não foi alcançado, pois quero lembrar à minha equipe que ainda há muito a ser trabalhado.

Juarez: - Estamos voltando um pouco à mesma discussão que tivemos após o *shadow coaching* e em algumas outras ocasiões. Concordamos que esse era o momento de incentivar todos os seus funcionários, não desestimulá-los -, diz ele. - Acho que você terá que segurar mais um pouco o seu ceticismo, fará bem, você vai ver. E ainda há outra questão, Roberto. Percebo que você está no limiar de uma grande transformação interna que é a mesma que a empresa está realizando. As necessidades de mudança aparecem com a crise de resultados, essa pela qual você está passando juntamente com todo esse processo que temos vivido. Tenha calma, pois muitas coisas positivas ainda estão por vir.

## A minha missão de líder

Como me sinto com a realização dos compromissos assumidos no primeiro e no segundo Retiro? Essa é a pergunta inevitável que abre o terceiro Retiro, não apenas para mim, mas para todos os presentes. Juarez pede que cada um relate como aplicou esses compromissos e o PD e fica evidente que alguns o aplicaram conscientemente; outros tiveram dificuldades ou o aplicaram apenas parcialmente. Outros ainda utilizaram o excesso de trabalho como justificativa para a sua não aplicação. Juarez nos concede um momento de reflexão individual e não deixa por menos.

– Peço que vocês pensem como se sentem agora, considerando a aplicação de seus compromissos dos últimos dois retiros –, diz ele, antes de apresentar o programa de trabalho para os três dias, solicitando que se formem grupos de três e quatro pessoas.

A reflexão então é compartilhada no pequeno grupo. Cada um avalia com os outros quais compromissos realizaram e como se sentem depois disso. No plenário, todos relatam o quanto foi interessante perceber como as pressões do dia a dia desviam a atenção dos compromissos. Ao mesmo tempo, a seriedade com que a maioria procura realizá-los torna-se patente. Fico surpreso comigo mesmo por ser o primeiro a falar. Digo que estou desapontado por ainda não conseguir me abrir para o outro. Revelo que já exercito o ouvir e começo a perceber o sentir, mas sempre travo no confronto com o outro.

Juarez agradece a minha participação inicial e propõe que todos façam como eu em seus grupos: levantem quais os três principais resultados alcançados desde o primeiro Retiro. Em cada grupo percebe-se a movimentação e o volume de ruído indica que todos têm muito a relatar.

Os grupos voltam ao plenário e reportam uma grande quantidade de pequenos e médios avanços; maior atenção nas relações com a própria equipe, pequena redução no número de horas passadas em reunião, negociações mais positivas com os principais fornecedores e suspensão de entregas; primeiros contatos com distribuidores, início da reorganização dos armazéns, além de muitos outros avanços. É unânime: todos relatam a maior facilidade de comunicação. Tem-se a impressão de que a confiança mútua está finalmente sendo reconstruída. Idem para uma mudança de postura.

Procuro concentrar-me nas minhas anotações para me conter. Minha vontade era a de ser novamente autocrático e comentar que tudo isso é muito bonito, mas que ainda não me convenceu, ao menos a prática ainda não é satisfatória em termos de mudanças concretas. E me lembrando da conversa ainda fresca que havia tido com Juarez, algumas horas antes, me abstenho de fazer qualquer comentário. Ao mesmo tempo, também torço pelas coisas boas que poderiam advir de tudo isso, principalmente de mim mesmo em meio a essas novas perspectivas. Não me resta alternativa senão apostar nisso.

Juarez comenta: – Qual será o resultado de tudo isso? Vejo que a guinada, somatório de todos esses esforços, deverá fazer-se sentir como resultados palpáveis em breve. Inicia-se então uma discussão se isso vai ocorrer em trinta, sessenta, noventa dias ou mais. Parece que todos acreditam que se pode contar com resultados concretos nos próximos três meses, ou até antes.

Era a deixa que eu esperava para intervir: – Desculpe-me Juarez, tenho uma reunião com o Conselho dentro de trinta dias e me comprometi a apresentar resultados. O que vocês acham? Terei algo de concreto para apresentar? Antes que a gente vá em frente, peço que cada um de vocês tenha consciência de que vamos precisar de um detalhamento específico, no sentido de demonstrar ao Conselho tudo o que pudermos levar para comprovar nossas melhorias em todos os setores. Conto com a colaboração de todos vocês.

Depois do jantar, um forçoso balanço do primeiro dia.

Juarez: – Apesar da sua breve intervenção com relação aos resultados concretos, Roberto, percebi você mais silencioso. Gostaria de saber se há algo que incomoda você.

– Gostei bastante do início do nosso trabalho nesse Retiro, mas você já sabe que estou com a corda no pescoço. E ao mesmo tempo me calei porque senti o grupo quase que eufórico após a apresentação de cada um dos subgrupos. Será que é esse estímulo e essa motivação que você tem colocado como objetivo da minha função? Foi o que fiquei me perguntando...

Juarez: – Agradeço que não tenha dito nada na presença dos participantes. E quanto a você, nunca é demais lembrar que cabe ao líder inspirar novas atitudes. Já vimos que os temperamentos não podem ser mudados, mas atitudes sim, bem como competências podem ser desenvolvidas. Mudanças começam a partir da liderança e se você não der o exemplo, não haverá como plantar as bases da transformação que estamos prestes a operar com a definição da missão e da visão. Veja bem, Roberto, este é o momento de sacudir as ideias, crenças e convicções de cada um dos integrantes de sua equipe. E se conseguirmos manter a equipe com esse entusiasmo, vamos conseguir resultados incríveis. E mesmo você não vai querer mais voltar ao que era antes. Acredite em mim.

## O óbvio nem sempre é ululante

Na manhã seguinte, os movimentos ditos de rotina atiçam o desconhecido. Somos convidados a fazer um exercício que instiga a perceber o presente, com os pés: um no passado, apoiado no chão, literalmente, e o outro ainda no ar – como quem procura a direção para o futuro passo e tem a liberdade para isso –, para acertar o local do passo seguinte. A nossa orientadora de euritmia exalta o movimento e incentiva-nos a sentir o impulso da perna que se levanta e ainda não sabe onde colocar o pé, responsável pelo próximo passo. E acrescenta que enquanto não se sabe qual a direção do próximo passo, o que nos sustenta é o passado.

Juarez propõe que se inicie um trabalho na identidade da organização. Vamos tentar concluir hoje um primeiro esboço da Visão, dos Valores e da Missão.

E amanhã vamos resumir os primeiros passos para a realização dessa Visão, ou seja, definir ideias iniciais de estratégias e objetivos. Ele então apresenta em uma pequena palestra os conceitos. Afirma que existem muitas formas, todas corretas, de definir Visão e Missão, mas que gostaria de propor o seguinte, para o bom desenvolvimento do nosso trabalho:

– A Missão é a razão de ser de uma empresa. Ela se expressa nas necessidades do mercado ou da sociedade que a empresa satisfaz. Um exemplo: um fabricante de refrigerante pode dizer que sua Missão é produzir bebidas que matem a sede. No entanto, uma definição mais adequada seria colocar à disposição dos consumidores bebidas que proporcionem prazer e satisfação, matando a sede.

Juarez explica então que nesses momentos seria interessante que se formassem novos grupos para preparar o primeiro esboço da Missão. Ele esclarece o processo: – Primeiro vamos definir um esboço inicial nos grupos; depois buscar uma formulação em conjunto no plenário. Finalmente, vamos discutir, alterar, complementar esta definição nos Retiros que estão sendo realizado nos níveis que reportam a vocês.

Os grupos se reúnem, discutem e formulam seus esboços, colocando-os no *flipchart*. No plenário, a coisa pega fogo, e agora dou risadas com o sonho que tive. Todos se imbuem da tarefa de definir a Missão, quase como se a vida deles dependesse desse momento crucial. Mas conseguimos chegar a um consenso satisfatório.

É a vez da pintura e da Visão. A atividade não era nova, a não ser pelo fato de que agora estávamos experimentando um exercício de futurologia. Juarez mais uma vez chamou atenção para a qualidade da atividade artística que estimula especificamente o sentir. E pediu que se formassem quatro novos grupos para pintar uma imagem de como eles veem a empresa dentro do período de cinco a sete anos. Segue-se então a exibição das obras. O procedimento é sempre o mesmo: o grupo que fez a pintura inicialmente não a comenta. Os outros grupos é que a interpretam. Só depois é que os pintores explicam o conteúdo do que fizeram. Sucessivamente, cada um dos grupos apresenta sua própria arte. Nestas interpretações e explicações, começam a tornar-se evidentes alguns aspectos da visão que os participantes consideram importantes.

Com o apoio deles, Juarez seleciona esses aspectos. E coloca-os no *flipchart*. Faz uma pequena introdução ao conceito de Visão que, como já foi dito, pode partir de diversos pressupostos. – Para o nosso trabalho, entretanto –, destaca ele, – deveremos utilizar o seguinte: visão não é o que temos que fazer, mas sim algo que imaginamos e desejamos como uma imagem arrebatadora do nosso futuro. O objetivo é criar uma imagem com a qual a organização possa identificar-se, que entusiasme e que estimule a todos a dar o melhor de si. A visão, como nós a imaginamos, deverá constituir-se numa luz que ilumina o caminho que a organização vai trilhar e que irá pautar nossas decisões, estabelecendo valores que tenham força e energia para aglutinar o potencial da empresa.

Já prevendo o *feedback* de Juarez, sugiro que na formulação se descreva uma imagem como se estivéramos no presente. Exemplo: a nossa empresa (daqui a cinco anos) é uma organização reconhecida no mercado pela qualidade de seus produtos e pela sua confiabilidade; uma organização na qual os colaboradores estão integrados nos objetivos maiores da mesma. Juarez não me estranha. Ao contrário, me dá força. Partindo desses critérios, peço então aos grupos que elaborem seus primeiros esboços. O processo será similar ao que já realizamos com a Missão: todos os níveis da liderança serão ouvidos.

Ao contrário da Missão, no entanto, o trabalho de esboçar a visão requer mais dos grupos. Eles têm maior dificuldade em gerar uma formulação que agrade a todos. Foi necessário estender um pouco mais o período previsto para permitir que chegassem a uma imagem comum. Quando cada grupo apresentou em plenário seu primeiro esboço, ficou evidente que havia visões bastante coerentes. Assim mesmo, cada palavra foi discutida e revisada, houve uma tendência a voltar às discussões semânticas sobre cada palavra, gerando polêmicas não produtivas. Juarez permitiu que o processo continuasse até o momento em que achou conveniente intervir para avançar.

– Peço a atenção de vocês. Sugiro que cada um dedique alguns minutos a avaliar até que ponto está procurando uma solução e até que ponto está fixado excessivamente nas suas próprias ideias. Como segundo passo desse raciocínio, proponho que cada um pense em como contribuir para alcançarmos uma Visão comum.

Depois de alguns minutos, Juarez pede que voltem às discussões, levando em conta o que cada um avaliou de sua própria atitude.

Estava tudo muito bem, parece até que eu havia acertado o meu tom na coisa toda. Mas então, cometo a maior gafe: interrompo para mostrar o que julgava que deveria ser "a" solução de consenso, como se eu fosse o dono da última palavra. O plenário se cala e os debates são interrompidos. Juarez deixa, propositalmente, transcorrer alguns momentos e diz:

– Acho ótima a sua definição, Roberto. Imagino que ela representa o que vocês discutiram no seu grupo. Para darmos continuidade, no entanto, proponho que os outros grupos apresentem os seus esboços, procurando focar nas semelhanças e não nas diferenças.

Estava claro que ele era quem era. Em nenhum momento perdeu o fio da meada, ou a elegância, como eu havia acabado de fazer.

Considerando a nova atitude e a forma proposta por Juarez, um representante de cada grupo sublinha aquelas frases e conceitos propostos pelo seu grupo e que tem semelhança com os dos outros grupos. Juarez então ajuda a formular um esboço desse primeiro consenso, ajustando algumas palavras e propondo alternativas para unificá-los em um todo que represente as ideias dos diferentes grupos. Antes de iniciar uma nova fase da discussão, ele pede que um dos participantes leia em voz alta a Missão que foi definida antes e, em seguida, que outro leia o esboço da Visão. A Missão é composta de uma frase convincente, transmitindo realmente o essencial e destacando os Compromissos que a empresa se propõe. Já a Visão composta de diversas frases desperta o entusiasmo de todos que trabalham na organização e direciona os objetivos de longo prazo. Tenho a sensação de que estamos realmente criando algo muito válido. E aí o Juarez interrompe: – É hora de ir jantar.

Sinto o olhar de Juarez na minha direção. Estou desconfortável. Ele me pergunta ao sairmos da sala:

– Roberto, você de fato não está totalmente convencido dessa interrupção que fizemos agora.

Respondo: – Acho que nossa convivência está naquele ponto em que é possível já ler os pensamentos, quer dizer, você já consegue ler os meus, acredito que ainda estou longe de tornar a recíproca verdadeira –, digo até com certa humildade. – Preciso me cuidar, mas você tem razão. Pensei que agora estávamos chegando a um acordo sobre a formulação da Visão e preferiria continuar com essa discussão até um término efetivo.

Juarez comenta: – Vamos dar tempo para que cada um permita que suas opiniões pessoais e as novas opiniões do grupo maior comecem a sedimentar. Se não me engano, depois do jantar, vamos conseguir um retoque final na formulação em um prazo de não mais de quarenta e cinco minutos.

– Espero que consigamos ir dormir antes da meia-noite –, não posso deixar de dar uma cutucada. Mas ele percebe que o meu comentário algo jocoso vem na defesa da minha falta de convicção e opta por não retrucar; pelo menos é isso que eu acho que aconteceu, não tenho bem certeza.

Como a sua bola de cristal está funcionando, depois do jantar os participantes já digeriram a comida e os conceitos discutidos anteriormente e, de alguma forma, já consensados. Detalhe: com a ajuda do sentir, é o que Juarez faz questão de indicar. Ele pede então que um representante de cada um dos grupos assuma a discussão. Estes representam o seu grupo e em nome dele buscam encontrar um consenso com os outros representantes. Assim realiza-se o princípio de que as discussões decisórias sejam realizadas em grupos menores. Assim mesmo, durante as discussões dos representantes, os outros participantes que apenas assistem podem pedir para sugerir alguma ideia ou mudança. Importante é que deixem os representantes trabalhar, evitando interrupções constantes – será um recado para mim? O processo avança rapidamente como era previsto por Juarez e os pequenos ajustes não geram discussões mais prolongadas.

Dessa vez, deixo o barco correr, permitindo que o processo siga seu curso; apenas contribuo esporadicamente com uma ou outra observação.

Em menos de uma hora, os vinte participantes concluem o trabalho e sentem-se realizados com as definições encontradas. Para terminar, Juarez pede a dois participantes que não fazem parte da diretoria, que venham à frente e leiam em voz alta e pausada, cada um, uma vez, a Missão e a Visão. Encerrando esse dia de trabalho, Juarez observa que esse esboço ainda passará por muitos retoques e terá seguramente valiosas contribuições, principalmente depois que o segundo e o terceiro escalões se manifestarem, mas que sua estrutura e conceitos básicos provavelmente serão preservados. E sugere que, na manhã seguinte, depois dos movimentos, voltemos com a cabeça descansada para dar mais uma revisada no trabalho feito.

## Missão, Visão e ações concretas

Missão: Fornecer ao mercado nacional e internacional, produtos que contribuam para otimizar o rendimento de veículos automotores, de forma a reduzir o consumo de energia e proteger o meio ambiente, enfatizando o contínuo desenvolvimento de nossos produtos e serviços com inovação tecnológica e alta qualidade.

Nossos compromissos

Com o meio ambiente:

Desenvolver produtos que reduzam ao mínimo a geração de poluentes em seu processo de produção e na sua utilização.

Com os colaboradores:

Oferecer um ambiente de trabalho de respeito ao ser humano, criando condições para o seu desenvolvimento contínuo, sua satisfação nas suas funções e sua autorrealização.

Com nossos Clientes:

Assegurar-lhes um atendimento confiável, antecipando-nos às suas necessidades e estabelecendo um relacionamento transparente e adequado aos seus objetivos.

Com nossos acionistas:

Garantir-lhes um retorno satisfatório aos seus investimentos no curto e longo prazo e a valorização contínua de seu patrimônio empresarial.

Com nossos fornecedores

Apoiá-los em seu desenvolvimento tecnológico e oferecer-lhes contratos de fornecimento de longo prazo. Respeitá-los e entender suas necessidades, buscando soluções conjuntas.

Visão

No ano 20XX seremos uma empresa que:

- É líder do mercado nacional e atua nos mais diversos mercados internacionais;

- Tem orgulho de apresentar sua área de Pesquisa e Desenvolvimento de produtos e processos cujas inovações têm contribuído reconhecidamente para o avanço tecnológico em benefício dos clientes;

- É considerada modelo quanto à sua consciência ecológica e sua responsabilidade social;

- Integra seus colaboradores nos objetivos maiores e na identidade da organização, investindo continuamente em seu treinamento e desenvolvimento. A cultura da Liderança Facilitadora envolve os colaboradores nas decisões buscando sua participação por meio da técnica de perguntas;

- Mantém relações harmônicas com a Comunidade e outros *stakeholders*;
- Renova anualmente seu planejamento estratégico para os próximos cinco anos, adequando-se às variações do ambiente econômico com flexibilidade e criatividade.

No outro dia, é fato: a formulação é considerada satisfatória. Juarez propõe uma simples reflexão. À luz destas definições, quais deveriam ser os próximos passos neste processo de desenvolvimento? Destaca que os sucessos e resultados positivos obtidos pelas diferentes áreas foram levantados no primeiro dia e que agora a tarefa é definir as ações prioritárias de curto e médio prazo, a partir da Visão e da Missão.

Novos grupos são formados então nas cinco principais áreas: administração e finanças, vendas e marketing, produção, logística e recursos humanos. Cada uma delas deve elaborar um plano de ação de curto prazo para contribuir na realização da Missão e da Visão. Esses planos devem ser integrados com todas as ações já em andamento, principalmente aquelas definidas como prioridades nas últimas reuniões operacionais, ou seja, obtenção de melhores resultados financeiros, conquista de novos segmentos de mercado e redução e controle de inventários. Não era isso o que eu queria? Estava curioso para saber como as coisas chegariam ao que de fato interessava.

Depois do almoço, cada um apresenta seus planos de ação que em princípio não trazem grandes mudanças sobre aqueles já em andamento. No entanto, parecem agora mais coerentes com os objetivos gerais da organização. Eu não me sentia em condições de reclamar de nada, ou de acrescentar qualquer item ao processo. Tudo o que consegui foi apurar junto ao Juarez se iríamos continuar nesse caminho que eu tanto solicitei e que, agora percebo, já vinha sendo trilhado sem que eu o percebesse.

– A partir disso tudo, como vamos otimizar nosso resultados no aqui e agora? Juarez responde: – Vamos ouvir os grupos e, a partir disso, podemos talvez fazer alguns redirecionamentos, se necessário.

## Os desafios chamados Missão e Visão (o terceiro Retiro)

Eu começava a ver alguma luz no fim do túnel mesmo. Apurei os olhos e os ouvidos algumas vezes durante a explanação dos grupos. E por fim, busquei reparar a minha total falta de sensibilidade e de sentimento de grupo de antes.

– Gostaria de dizer que tudo o que vivemos aqui hoje foi uma experiência e tanto para mim. Não pensei que poderíamos chegar a propostas tão consistentes. Acredito que os planos aqui elaborados vão contribuir de forma substancial para a melhoria dos resultados da empresa.

Enquanto os grupos faziam suas próprias anotações, comento com Juarez:

– Tudo isso parece bastante coerente e eu imagino que você vai me dizer que agora as energias estão mais enfocadas nos resultados da empresa. Será que, realmente, vou ter o que apresentar na reunião com o presidente em trinta dias?

Juarez: – Você acha que os resultados se tornariam mais evidentes num prazo maior? Você acha que poderia negociar este prazo para eventualmente sessenta dias ou algo semelhante?

Digo que vou falar com o presidente resumindo alguns dos avanços, ainda que pequenos, e propor uma ampliação do prazo para sessenta dias a partir desta data. Mas não vou dizer nada para os grupos. Tomo um puxão de orelhas imediato.

– Roberto, me parece que entre os valores que fazem parte da cultura da organização como um todo, não só na sua unidade, estão a transparência e a confiança. Você não pensa que o grupo deve saber se o prazo for negociado e estendido, de forma que ele tenha mais tempo para gerar resultados que fazem a diferença?

Alego que a tendência é que eles diminuam seus esforços. – Como posso manter a pressão?

– Você percebeu o entusiasmo que gerou ao reconhecer o acerto dos diferentes planos, ao não criticar os resultados relatados até agora?

Com esse mesmo entusiasmo o grupo não necessita mais de pressão. Ele estará motivado a conseguir resultados cada vez melhores e em prazos cada vez mais curtos. Sugiro que você informe no momento em que obtenha a definição do Conselho e que em trinta dias verifique qual foi o avanço obtido.

- Ok, vamos tentá-lo à sua maneira. Vou ligar agora para o presidente e, se possível, informar o grupo sobre a ampliação do prazo.

O presidente me concede os trinta dias adicionais, mas pede que eu volte a chamá-lo para expor mais sobre o processo que está sendo realizado com o consultor. Quando comunico que obtive mais um mês de prazo, eles reagem de forma extremamente positiva. Mais uma vez Juarez estava certo. Sinto uma cumplicidade inédita, alguns participantes se mostram satisfeitos por esta prova de confiança que lhes dei. Eu próprio tenho a sensação de que andamos para frente.

Preparando o término do Retiro, Juarez propõe que cada um pense por alguns minutos como evoluíram na direção do seu próprio desenvolvimento no último semestre e quais passos vislumbram a partir de agora. Sugere que isso seja assim definido: "como eu vou atuar para realizar o meu autodesenvolvimento".

Os grupos então se reúnem em trios, conversam sobre suas atividades e planos para o futuro e, por solicitação de Juarez, selecionam um item que querem apresentar em plenário. Juntamente com uma avaliação individual, cada participante apresenta o seu compromisso de autodesenvolvimento. Na avaliação, eles destacam um novo ambiente de confiança e de entusiasmo – houve até quem destacasse a minha atitude positiva e transparente (uau, sinto algo novo internamente!!!). E algumas perguntas são levantadas. Eles querem saber como dar continuidade ao processo de elaboração da Visão e da Missão. Na hora da minha avaliação, sigo o conselho de Juarez. Abro o meu sentir por inteiro.

– Fiquei muito envolvido no processo. Meu receio de que haveria resistências a mudanças foi totalmente eliminado. Realmente saio deste Retiro com a convicção de que cada um está contribuindo e vai contribuir ainda mais nos próximos meses para transformar nossa Visão em realidade. Sinto-me motivado a agradecer ao grupo seu envolvimento, dedicação e entusiasmo nesses dois dias de trabalho intenso.

Juarez informa que vai elaborar um plano para continuar na definição de Missão e Visão e que este plano será apresentado nos próximos dias.

No caminho para o aeroporto, local em que a conversa é sempre profunda, espero que Juarez reconheça o meu avanço, mas, em lugar disto, ouço a velha indagação.

– Como você se sentiu durante o Retiro?

– Conforme disse na minha avaliação. O trabalho foi muito melhor que do que eu esperava. Passei da insegurança e frustração para um sentimento de confiança moderada de que vamos chegar às mudanças que são necessárias para a organização.

Juarez: – Estamos no primeiro degrau de uma longa escada que nos permitirá ampliar nossos horizontes a cada passo. Com perspectivas ampliadas, com integração de objetivos, com a confirmação da confiança mútua, não tenho dúvidas de que os resultados se farão sentir dentro dos próximos meses e anos. Acho que é um fato perceptível que, a empresa, como uma entidade viva, está mudando sua atitude. Lembre-se que os processos feitos para acelerar ou criar atalhos milagrosos costumam funcionar apenas temporariamente. Essas soluções prontas estão a milhas de distância dos processos verdadeiramente vividos em toda a sua amplitude. O desafio agora, Roberto, é estimular que as pessoas que integram essa entidade viva avancem pelas fases de desenvolvimento. E é aí que o exemplo que você, Roberto, pode dar é que fará a diferença. Quanto mais cada colaborador, incluindo toda a liderança, percorrer o caminho do desenvolvimento, tanto mais rápida será a evolução da empresa.

Mas proponho que façamos uma primeira reunião de balanço, muito em breve, para garantir que acertamos o caminho do desenvolvimento.

– Só tenho que concordar –, é o que lhe respondo.

## MEUS PENSAMENTOS

*Quando se oferece o espaço necessário, as pessoas tendem a preenchê-lo com suas ideias e contribuições. Sem este espaço, acabam acomodando-se ao que vem dos níveis "superiores".*

#  11

# A integração Vertical: o X da questão

> *O pessimista queixa-se do vento*
> *O otimista espera que ele mude e*
> *O realista ajusta as velas.*
>
> **William Georg Ward**

Pareceu-me importante avaliar com os Diretores quais os avanços obtidos até agora e, principalmente, conhecer as propostas de Juarez para a continuidade do processo. A reunião ocorreu num sábado. Não houve outra opção, diante do fato de que a agenda dos diretores estar preenchida para os próximos dias. A premência do assunto não me permitia postergar mais esta reunião que foi marcada para as dez da manhã.

O comentário de Juarez na abertura é: - Gostaria de mencionar que, ao término do nosso terceiro Retiro, havia por parte do Roberto uma preocupação justificada com relação a obter resultados no menor prazo possível. Para isso, estou propondo que cada um dos nossos gerentes defina claramente qual é a Missão da sua área em relação à Missão geral da organização.

# A Missão de cada área deve ser parte coerente da Missão geral

Nilton resolve começar: – Marketing e vendas têm uma missão apenas para com seus clientes –. Juarez complementa: – Ao atender bem os clientes, ao conquistar sua confiança, ao garantir sua fidelização, em longo prazo, estamos atendendo uma parte importante da Missão da empresa. No entanto, a integração com as outras áreas, o fornecimento de informações a respeito dos clientes, das possíveis variações de volume de suas compras etc. são atividades essenciais para realizar a Missão.

Em princípio, Nilton concorda, mas diz que gostaria de ter mais detalhes de como vai funcionar esse trabalho. Marlos então comenta: – Minha missão é contribuir para a Missão da empresa, porém não entendo como cada departamento irá contribuir individualmente para essa Missão.

George também tem dúvidas com relação ao novo exercício, mas diz-se motivado a entender melhor a proposta: – Me parece viável que cada um dos departamentos possa assumir uma parte da responsabilidade.

Tenho aquela sensação de um horizonte que se abre! Será que chegamos a um novo patamar? Será que hoje ficará mais clara a diferença entre tarefa e responsabilidade? Sei que o Juarez percebe que muitas vezes os subordinados de todos os níveis se furtam às suas responsabilidades, o quanto procrastinam e o quanto se acomodam realizando suas tarefas, sem conscientizar-se de como isto contribui ou não para os resultados gerais. Um pouco no sentido de desafiar o Juarez, mas também para esclarecer as dúvidas que ainda tenho, pergunto:

– Vocês não acham que a responsabilidade de cumprir a Missão é da diretoria? Vocês não acham que é um risco misturar a Missão da empresa com as missões de cada área?

Juarez é rápido: - De que maneira pensam vocês que se pode atingir os resultados que estabelecemos na Missão da empresa? Como cada área contribui para que ao final tudo seja consolidado na diretoria e a Missão seja cumprida? - questiona com certa impaciência nada típica para Juarez, ainda que tenha procurado dizê-lo em tom conciliador.

Inicia-se uma longa discussão entre os diretores na qual Juarez não interfere, exceto anotando algumas das afirmações. Ao final, comenta: - Pelo que vejo, temos uma percepção bastante coerente. Concordamos que os diretores não podem gerar os resultados diretamente e sim que a organização toda tem que estar envolvida. Cada uma das áreas traz a sua contribuição; se essa contribuição estiver coerente com a Missão da empresa, os resultados se farão sentir, no curto prazo. Ele explica que para o trabalho que está se propondo a fazer com as áreas, será necessária a presença de cada um dos gerentes junto com suas equipes de subordinados diretos. Ou seja, estamos imaginando que em cada Retiro estejam presentes entre vinte e trinta pessoas, o que permitiria juntar algumas áreas em cada um deles.

- Assim -, prossegue, - imagino que com três Retiros estaremos com a ação completa. Ao final seria necessário um encontro geral para que todos conheçam as Missões das outras áreas. Como sempre, proponho que se faça uma primeira reunião, para decidir depois se vamos continuar com todas as áreas.

Respiro fundo. Mais uma vez as coisas não serão decididas no aqui e agora. Sou forçado a endossar o que Juarez está sugerindo e ressalto que a proposta faz sentido.

Lembro que tudo isso teria que ocorrer num curto espaço de tempo, para que os resultados ainda sejam obtidos no prazo que me foi estendido pelo presidente do Conselho. Os outros diretores indicam que não estão completamente convencidos, mas que estão dispostos a fazer a experiência. Concordam que as áreas precisam se integrar para evitar que os problemas sempre recaiam sobre a cúpula que toma as decisões ou sobre outra área que passa a ser o bode expiatório.

Juarez agradece o apoio que está recebendo da Diretoria. Ele é sutil e percebo o recado quando diz que esse suporte já se refletiu na disposição e envolvimento das equipes que se reportam à Diretoria. Ele está pedindo que a Diretoria também assuma sua parcela de responsabilidade. Busco "traduzir" e reforçar esse ponto de vista para os outros diretores. Mesmo que nesse momento ainda não tenhamos a convicção total de êxito, é de suma importância que saibamos motivar nossos times como o momento exige – é o que preciso fazer. Como Juarez tem insistido, envolver e motivar as equipes é uma função fundamental de boa liderança.

Juarez me olha com satisfação. George, em nome de seus colegas, diz que todos se sentem motivados a estimular suas equipes. Pergunto se todos estão de acordo e ao receber a confirmação, peço que George coloque Juarez em contato com o Valdomiro para planejar esses novos Retiros.

Voltamos ao presente. Continuo aflito em empreender uma ação mais rápida para a deflagração desse processo. Digo isso e olho em volta. Noto a falta de expressões na dupla do barulho. Creio que ainda vou ter trabalho com relação ao que Marlos e Nilton repassarão às suas respectivas equipes sobre o que ficou acertado hoje.

## Missão por Área

Talvez por perceber que eu andava com os nervos à flor da pele, Juarez pede que eu não participe desse Retiro – de qualquer forma estava já acertado que nenhum dos Diretores estaria presente. Para mim, ele ainda reforça seu objetivo: diz que gostaria de trabalhar um pouco mais a alma do grupo e identificar os alicerces potenciais para uma mudança de cultura. Quanto aos participantes, ele alega que poderá aprofundar e ao mesmo tempo fazer com que o trabalho flua melhor sem a presença de Diretores.

Pedi ao Marcos, o jovem Gerente Financeiro, que fizesse um relatório sobre o Retiro que será realizado. Ao término ele me apresenta o seguinte resumo:

Juarez inicia o Retiro com os Gerentes e suas equipes. Começa provocando-os no sentido de demonstrarem o quanto as áreas estão interligadas: Produção, Qualidade, Suprimentos e Finanças.

– Esta é uma combinação muito representativa de áreas que de alguma maneira estão interligadas. O que vocês acham? Todas as áreas estão interligadas? Tanto essas, como aquelas que vão participar dos próximos encontros?

São necessários muitos minutos de trabalho, entre os vinte e cinco participantes, para chegar à imagem da interligação. Ainda bem que não participei, teria perdido a calma, com certeza. Mais uma vez o óbvio não é de simples acesso.

– Hoje vamos ainda nos dedicar aos avanços conseguidos por cada uma das áreas –, diz Juarez. – Proponho que cada área forme um grupo e defina quais os três resultados que considera mais importantes obtidos nos últimos seis meses. Cada grupo selecionará os seus e em seguida os apresentará aos outros grupos.

Entusiasmo e motivação são percebidos no plenário: quem diria que tantos resultados positivos foram alcançados em tão pouco tempo! O clima é de pura satisfação. Juarez comenta que a soma desses resultados grandes ou pequenos irá contribuir para uma operação mais eficaz em toda a empresa. E amplia o que quer dizer:

– Vejam, eficiência é diferente de eficácia. As empresas eficientes cuidam bem de seus recursos e processos. O que estamos nos propondo é atingir outro nível de relações que permita cultivar o desenvolvimento individual de cada um de vocês e, em consequência, do grupo. Vocês já me ouviram falar disso várias vezes. Roberto até brinca que esse é o meu mantra, que a empresa só evolui quando as pessoas que estão nela evoluem. Eu gostaria ainda de lembrar que uma empresa excelente é aquela que consegue se transformar continuamente, de acordo com as necessidades do mercado que ela atende. Essa pode ser considerada uma empresa eficaz. Ou seja, criar não só uma mudança de cultura, mas uma cultura de mudanças.

Hoje eu gostaria que vocês ajudassem a perceber os problemas que ainda têm que ser resolvidos, mas também levantar as oportunidades que oferece o trabalho em equipe, e aqui estou falando da grande equipe, que é a organização como um todo. Vamos juntos descobrir o que às vezes não é posto em palavras, conscientizando-nos da importância de ver além do aqui e agora, de forma que sabedoria, intuição, ponderação, equilíbrio emocional sejam consideradas como parte de nosso processo de desenvolvimento. Amanhã vamos dar mais um passo nessa direção.

Os movimentos do dia seguinte são seguidos por uma pequena palestra de Juarez sobre o conceito de Missão por área. Resumidamente ele deixa claro que cada área é cliente e fornecedora, ao mesmo tempo, de outras áreas. Quanto melhor uma área atende as necessidades da outra, tanto melhor a outra poderá atingir seus objetivos. É claro que a cliente precisa entender a fornecedora e vice-versa, e que ambas devem trocar informações constantemente para que isso ocorra. Fica evidente, portanto, que uma das condições para o sucesso de um processo contínuo é o diálogo aberto e interessado entre as áreas e é neste nível que a qualidade do relacionamento pode gerar a eficácia.

Quando, ao final da palestra, Juarez abre para perguntas, fica surpreso que havia concordância ampla dos ouvintes. De acordo com a experiência de Juarez, os departamentos tendem a formar feudos, encerrados em si mesmos, achando que ao preencher sua função já fizeram sua obrigação: "As outras áreas que façam o que tem que fazer!"

Mais complicado é o passo seguinte: é necessário qualificar essa interação, não apenas no nível concreto, mas definir quem é quem e o que se esperar qualitativamente uns dos outros. Depois do almoço, um pouco mais do exercício do "dar-se conta", na prática. Os grupos realizam que estão efetivamente interligados como clientes e fornecedores com praticamente todas as outras áreas. A área de vendas destacou um aspecto que não tinha tido consciência anteriormente. É que os seus clientes eram ao mesmo tempo fornecedores de informações. Ficou claro então para todos os presentes que, quando um cliente reclama sobre qualidade, serviço ou preço, ele está efetivamente fornecendo informações valiosíssimas para a empresa. Ao término, Juarez pergunta: – Vocês acham possível atender as expectativas das outras áreas como colocadas aqui? – Surgem dúvidas e reações típicas de atitudes departamentais. Mas à medida que as discussões avançam, é possível entender como atender melhor as expectativas de suas áreas-cliente. Juarez propôs o seguinte exercício: Quais são as nossas áreas-cliente? E o que esperam elas como fornecimento ótimo de nossa parte? Segundo. Quais são nossas áreas-fornecedor e o que esperamos delas como fornecimento ótimo?

No fim desse dia, o clima no grupo era bem mais comedido e o consenso era: "quanto temos que trabalhar para tornar mais eficaz a nossa inter-relação com as outras áreas!"

No último dia, Juarez solicita que os grupos voltem a definir detalhadamente como iriam atuar para atualizar seu fornecimento às suas áreas-cliente. Para concluir, foram feitas simulações em que as áreas fornecedoras explicavam aos seus clientes como iriam atuar na otimização de seu fornecimento e vice-versa: recebiam dos seus clientes sugestões nesse sentido. Depois do almoço, Juarez desafiou o grupo com mais uma pergunta.

– Considerando os objetivos maiores da organização que vocês conhecem, e a situação atual composta de reclamações de clientes, excesso de inventários, a baixa rentabilidade e a questão financeira, como as ações vão contribuir para resolver tudo isso e como essas sugestões vão contribuir para atingir a Missão geral da empresa? Explico: quando cada uma das áreas melhora ao máximo a qualidade de seu fornecimento às outras, os processos como um todo também melhoram. Percebe-se também que, ao aperfeiçoarmos os processos, estamos caminhando no sentido de realizar a Missão da empresa. Para encerrar esse Retiro, peço que cada um elabore cuidadosamente um compromisso que pretende realizar, a partir da próxima semana, de forma a contribuir na melhoria dos fornecimentos prestados para suas áreas-cliente.

Formam-se trios em que cada um relata o seu compromisso. Na avaliação final, os participantes falam do contentamento em conhecer com mais profundidade as necessidades dos outros setores. Alguns revelam terem entendido pela primeira vez, de forma inconteste, a diferença entre estar trabalhando para atender a sua função e atuar para contribuir com o todo. Ou seja, a diferença entre gestão por função e gestão por processo. E como o individual desempenha um papel importante nesse sentido. Se o pensar e o querer estão funcionando, o sentir pode entrar em ação e fazer toda a diferença nas inter-relações.

Aparentemente terminava tudo tranquilo, alguns até revelaram suas expectativas em relação ao trabalho com as outras áreas: "se todos começarem a agir como nos propusemos, a empresa toda vai mudar!"

Mas como nada é perfeito, Nilton resolve, na semana seguinte, fugir do *script* e convocar uma reunião com a Diretoria. Estava tudo indo muito bem para ser verdade, conforme havia observado George. Eu devia ter desconfiado.

Juarez estranha, mas decide voltar para esta reunião, que lhe parece demasiadamente importante. Nilton vai direto ao ponto.

- Entendi totalmente os objetivos do Retiro, vejo também que a nossa equipe ficou bastante envolvida, mas não acredito que isso vá mudar alguma coisa substancial. Como sempre, o Retiro terminou com uma relação de boas intenções, mas que nunca são mais do que isso. Na prática não vai mudar nada.

Então, todos olham para o Juarez. Parecia que pela primeira vez Nilton deixava a sua máscara cair e aquele ser que eu desconfiava existir revelou-se com suas tendências a ser provocador e cético.

Juarez, no entanto, reage com a tranquilidade que lhe é peculiar: - Bom, se ouvimos o Nilton e ele parece ter dúvidas, gostaria de ouvir também os outros.

É um momento de revelações. Sinto que eles começam a perceber o quadro maior cada vez mais fortemente. Estamos todos testando na prática as teorias que nos levarão a funcionar como uma empresa moderna e orgânica – aquela que não apenas tem identidade, mas que está pronta a lidar com todos os fatores sociais, interpessoais e até mesmo espirituais, como diz o Juarez. Eu sabia que estávamos mexendo com as tradicionais imagens que todos tinham de organização e que uma mudança tão radical como a que estávamos nos propondo exigiria paciência em grau máximo. Eu mesmo já não me sentia como antes; comecei a entender que, para mudarmos efetivamente, teríamos que criar novas bases sólidas que pudessem suportar os alicerces desta almejada cultura. Passamos a entender que os fatores internos como atitudes positivas, respeito pelos outros, confiança e transparência influenciam drasticamente os resultados. Era com estes fatores principalmente que deveríamos lidar individualmente e também no coletivo para alcançar uma transformação tão profunda. E se já estávamos realizando uma mudança de cultura desta magnitude fica evidente que nós a desencadeamos, com nossa mudança de atitude. O maior desafio era continuar com este desenvolvimento individual, para assegurar a continuidade do desenvolvimento da organização. Isso estava mais claro do que nunca para mim. Ora, então que raios eles estão tramando? Por que tudo isso agora, exatamente num momento em que as coisas começam a fluir?

Marlos coloca-se agressivamente: – Nesta organização já tentamos reengenharia, Lean, e outras coisas que no fim acabam sendo uma tentativa de gestão por processos. Tenho a impressão que gestão por funções é a forma tradicional de administrar e a que dá melhores resultados. Cada um é responsável pela sua função e será cobrado por estar executando-a corretamente. Portanto, acho que o trabalho de Missão por área deveria focar-se muito mais nas funções do que nos serviços fornecidos.

George observa de forma ponderada: – É verdade que eu não participei dessas experiências que o Marlos cita. No entanto, acredito sinceramente que a gestão por processos vai otimizar os nossos recursos, sendo que cada área terá consciência que atua como um dos elos da grande corrente que transforma a matéria-prima em satisfação do cliente. Tenho a impressão de que essa consciência, que as nossas equipes parecem ter descoberto neste Retiro, deverá influir nos resultados que estamos buscando.

Eu já havia me acalmado um pouco depois disso e, na realidade, também já havia estado no mesmo local onde agora se encontravam Marlos e Nilton. Criar confrontos e indisposições propositais era algo que eu sabia fazer com maestria. Preocupava-me, entretanto que eles estragassem o meu processo ou que, ao não colaborar, viessem a atrapalhar, visto que tudo agora estava correlacionado.

George continua: - As dúvidas levantadas são as mesmas que eu senti na nossa reunião preparatória naquele sábado. No entanto, depois de conversar com alguns dos participantes e ver os relatórios sobre o que se discutiu e se definiu, tive a impressão que realmente esse é um passo fundamental para garantirmos o resultado no fim de cada mês. Acho que todos entenderam, pela primeira vez, que fazem parte de um grande processo, mas principalmente que descobriram - e até definiram por escrito - como irão contribuir para que ele seja eficaz do começo ao fim. Toda a minha carreira foi baseada em gestão por funções e, portanto, a minha percepção era a mesma da de vocês. Tive que mudar de posição depois de ver os resultados desse primeiro Retiro destinado à Missão por área. Confesso que para mim é muito difícil, tenho que abandonar minhas velhas convicções e práticas e repensar toda a minha visão de organização.

Peço então ao Nilton e ao Marlos que tentem esquecer as experiências negativas que tiveram no passado com gestão por processos e busquem perceber as vantagens que toda organização pode obter com esta nova metodologia.

Juarez que havia ficado quieto até então, emenda dizendo: - Eu entendo a posição de cada um de vocês. Conheço os efeitos negativos que uma implantação inadequada do Lean pode causar ao tentar transformar a gestão por funções em gestão por processo. O risco que se corre é que se tenha uma organização na qual a gestão por funções não funciona mais e a gestão por processos ainda não começou a funcionar. Mas ao trabalhar a missão por área, estamos despertando a consciência das áreas para a sua interligação com todas as outras. A partir desse ponto, podemos aperfeiçoar essa integração fazendo com que tudo flua como uma sequência natural e orgânica.

### A integração Vertical: o X da questão

Assim, gostaria de propor que continuássemos com o processo da Missão por área, e como já foi dito na nossa reunião preparatória, tudo depende do apoio que a Diretoria venha a dar a esse processo, não é mesmo?

Pergunto então aos presentes como eles veem a proposta do Juarez. Digo que, pessoalmente gostaria de continuar com o processo, mas aceito contrapropostas. Ao olhar para a dupla "dinâmica", Nilton e Marlos, percebo expressões de dúvidas e certa insegurança. Mas ninguém diz nada, então arrisco: - Ficaria muito feliz se todos os diretores pudessem apoiar o processo de missão por área até o fim para medirmos se há realmente um resultado palpável deste processo.

Os três diretores prontificam-se a apoiar o processo. Apesar disso, ainda não sinto nem Marlos nem Nilton convencidos.

Para arrematar, descrevo o processo de Lean e cito o exemplo de uma grande montadora que conseguiu sucesso, obtendo uma organização enxuta, sem perda de tempo, sem acúmulo de materiais ou desperdício. Nessa montadora, eles implantaram uma longa linha de montagem e, nos dois lados da mesma, os galpões onde ficam os fornecedores que vão alimentando-a no ritmo exato que a linha de produção necessita. A reunião é então encerrada e eu estou ávido por ouvir Juarez.

Ele me pergunta se eu percebi as diferenças de atitude de cada um dos diretores e me alerta sobre a minha responsabilidade por essa integração e motivação da equipe. Isto é sem dúvida mais importante do que uma dedicação às tarefas de cada área. – Sim, sim –, respondo. - Isso é o que eu precisarei trabalhar; realmente percebi que tanto o Nilton quanto o Marlos ainda não estão se abrindo para as mudanças necessárias. E disso eu entendo porque, por mais que eu já tenha percebido minhas resistências mais profundas, e note o quanto estou lutando interiormente contra elas, sinto, sim essa é a palavra, que devo continuar insistindo, na prática.

Juarez não consegue esconder sua satisfação ao ouvir essas minhas palavras e explica que vai tentar concluir os Retiros com as outras áreas nas próximas duas semanas. Propõe que logo depois do término se faça um encontro de todos os que participaram desses Retiros, cerca de noventa pessoas, junto com a diretoria. Neste dia de trabalho, todos tomarão conhecimento dos planos de melhoria de atendimento de cada um de seus fornecedores internos. Digo que isso me parece uma ideia muito boa e lembro a ele que a minha expectativa é a de que isso comece a nos trazer resultados imediatos, porque daqueles sessenta dias que me foram concedidos já transcorreram duas semanas. Ele então me pergunta como isso se refletiu na operação da empresa.

– Acho que para compensar o meu ceticismo, ainda recorrente, às vezes eu tendo a ser um pouco otimista demais. Parece-me que ultimamente as coisas fluem melhor, as reuniões têm sido mais rápidas e, apesar da temperatura subir um pouco, de vez em quando, a objetividade tem prevalecido. Continuo a me preocupar com as equipes do Nilton e do Marlos que, evidentemente, são as chaves do processo e que talvez estejam percebendo a resistência de seus respectivos diretores. Mas não quero julgar ainda.

Juarez insiste: – Mas deu para perceber algum resultado prático?

– O que me chamou a atenção é que os problemas estão sendo resolvidos com maior velocidade. Também me surpreendeu que muitas vezes as divergências são resolvidas entre duas ou três pessoas, mesmo sem reuniões formalizadas. Imagino então que esses avanços devem se refletir no curto prazo sobre os resultados.

– Por via das dúvidas, que tal um novo encontro com a liderança. Você não acharia demais acelerar um pouco as coisas, não é verdade?

## Segunda etapa: a integração

Planejamos um encontro de integração num hotel de eventos e convocamos a liderança. Comecei explicando a importância da presença de todos os principais líderes da organização e destaquei a necessidade de melhorar os resultados, sem a existência ainda de um processo eficaz. Faço a abertura:

– Quem pode melhorar os resultados da organização é esse time de líderes aqui presente. Nós chamamos esse encontro do primeiro encontro de liderança; o que estamos imaginando é que por meio de uma liderança objetiva, envolvente e motivadora, os presentes poderão criar com suas equipes soluções eficazes que permitam a geração de resultados positivos continuamente. Vocês já devem ter sentido no dia a dia que somos nós que consolidaremos as mudanças e estratégias dentro dos nossos respectivos grupos de atuação.

Juarez então organiza um pequeno exercício para a integração dos presentes. Formam-se três filas separadas, de forma que elas estejam frente a frente, sendo dez de cada lado. Cada um dos participantes tem que dizer à pessoa a sua frente algo que percebeu de positivo sobre ela. Em seguida a pessoa em frente faz o mesmo com o seu interlocutor. O último participante da fila move-se então para a outra ponta, e assim sucessivamente, até que as dez pessoas tenham encontrado cada uma das outras ali presentes.

Em seguida, as áreas colocam os seus *flipcharts* em um grande círculo. Neles está, de forma resumida, a essência dos trabalhos feitos nos Retiros das missões por área. Estão destacados:

a) Cada uma das áreas que essa área em específico atende

b) O que essa área considera como sua responsabilidade no atendimento às suas áreas-cliente

c) O que esta área espera como o ótimo de suas áreas-fornecedor

Juarez organiza: em cada *flipchart* devem permanecer duas pessoas da respectiva área para explicar aos visitantes das outras áreas, as suas definições. Pede que imaginemos que estamos como numa feira, onde cada estande tem seus produtos ou serviços para oferecer. Os visitantes são estimulados a conhecer o que cada área expõe e a recomendar soluções adicionais e sugestões de melhora. As pessoas que ficam no estande anotam essas sugestões.

À medida que os grupos vão se movendo de um estande para outro, também as que ficam no estande vão se alternando com seus colegas de área. Assim também elas têm a possibilidade de circular pelas outras áreas. A diretoria e eu caminhamos por entre as áreas sem nos envolvermos nas discussões.

Depois do almoço, Juarez propõe que cada área volte ao seu *flipchart*, discuta e integre aquelas sugestões que lhe parecerem válidas. Em seguida, cada área elabora um novo *flipchart* resumindo os pontos a), b) e c) como o proposto pelos visitantes, já com as sugestões que lhe pareciam adequadas. Ao final, cada uma das áreas apresenta para todas as outras esses resumos. Depois disso, ele pede que se faça um exercício de retrospectiva por área, respondendo à seguinte pergunta: quais foram as realizações da nossa área nos últimos três meses, que mais nos entusiasmaram? Ele recomenda que sejam as três principais realizações. Cada área então apresenta as suas, sendo que nós da diretoria também fazemos o mesmo.

Conforme os resultados são apresentados, eu e os diretores começamos a perceber que há um vento de mudanças na organização. Somam-se pequenos e grandes resultados, deixando evidente que estão sendo criadas soluções inovadoras que contribuem para os resultados concretos da empresa.

Ao dizê-las, fiquei atônito com o significado das minhas palavras:

– Chegamos à conclusão de que a melhor decisão que tomamos foi iniciar e depois dar continuidade a esse processo com o Juarez. Falo em meu nome e tenho certeza de que também em nome dos outros diretores.

## MEUS PENSAMENTOS

*Foi uma experiência totalmente nova para mim: Ver cada uma das áreas procurando entender as necessidades das outras e depois agir para satisfazê-las. Assim cada líder com sua equipe procura atender os objetivos maiores da empresa, ou seja, sua Missão.*

*Ficou evidente a importância do envolvimento de todos: Agora cada um trabalha para atingir algo maior, não só para cumprir sua tarefa limitada, dentro de seu departamento.*

# 12

# A prova dos nove

> *Autoconhecimento verdadeiro*
> *Só é concedido ao homem*
> *Quando ele desenvolve*
> *Afetuoso interesse por outros;*
> *Conhecimento verdadeiro do mundo*
> *O homem só alcança*
> *Quando procura compreender seu próprio ser*
> **Rudolf Steiner**

George está preocupado com a situação trabalhista que, em sua opinião, não é nada boa já de longa data, mas como não tem certeza de como encaminhar os problemas que agora estão ressurgindo com alguma força, convoca uma reunião com Valdomiro e faz questão da minha presença. O objetivo é revisar o panorama para minimizar os riscos de greve na próxima revisão salarial, já que ainda não cicatrizaram completamente as feridas causadas pelas tensões do último dissídio seguido da paralização.

– Roberto, eu propus esta reunião porque, pelo que eu tenho apurado e visto no dia a dia, os problemas trabalhistas têm sido constantes nos últimos anos. O que você poderia nos ilustrar nesse sentido, Valdomiro? Toda e qualquer informação sobre isso será bem-vinda.

Antes que comecemos, no entanto, dou uma de bom aluno e proponho iniciarmos com o processo decisório para definirmos o problema. George reforça: - Nosso problema é um só: aparentemente nossas relações trabalhistas não são boas. De onde vem isso? Seria importante puxar algum fio que pudesse nos dar subsídios para mudar esse quadro.

Peço então gentilmente ao Valdomiro que inicie sua retrospectiva sobre fatos do passado e do presente que possam ser úteis para formarmos uma imagem em conjunto. Diz que, há cerca de cinco ou seis anos, as nossas relações trabalhistas perderam o seu ambiente positivo. Supervisores e pessoal do chão de fábrica, bem como muitos colaboradores das áreas administrativas, não se sentiam parte da organização e começaram a defender interesses próprios. - Mas o que desencadeou -, diz ele, - todo esse clima, parece ter sido a tentativa de implantação do Lean que tinha mais características de Reengenharia e obrigou os operadores a um ritmo de trabalho intenso que, de repente, era interrompido por falta de um processo mais eficaz de logística ou de manutenção. Estas, que deveriam garantir a disponibilidade das peças a serem trabalhadas em cada máquina, no ritmo exato de produção, sofriam por deficiências de planejamento e ineficácia dos fornecedores. Estes não foram envolvidos no novo processo, não entendendo, portanto, sua própria importância no sucesso do mesmo. Em consequência, havia excesso de peças nas máquinas em algumas oportunidades e falta de peças em outras. A manutenção desdobrava-se para manter as máquinas em funcionamento, mas, por falta de recursos, muitas vezes não o conseguia. Tudo isso, somado à pressão que vinha da alta direção exigindo alta produtividade sem criar as condições técnicas, gerava reações negativas principalmente dos supervisores. Estes obviamente não consideravam justa essa pressão. Como os processos não eram corrigidos na profundidade necessária, iniciou-se a busca de culpados, o que gerou tensões adicionais.

Sem envolvimento dos supervisores e operadores que se sentiram excluídos de todas essas mudanças, as coisas começaram a tomar um rumo próprio, caótico, sem que fosse identificado onde estava o verdadeiro problema.

Naquela época, era comum que os supervisores viessem à área de RH para reclamar; avisavam da nítida deterioração do clima de trabalho que, aliás, ficou evidente nas avaliações de clima laboral.

– Tentei demonstrar isso à nossa direção anterior, mas não fui ouvido –, alega Valdomiro.

– Mas então tudo isso estava claro há algum tempo! E nada foi feito? – digo, sem esconder minha indignação.

– Realmente na matriz era comentado que o clima laboral desta unidade estava cada vez mais negativo. E alertamos o antigo CEO, o Maurício, que algo deveria ser feito –, relembra Valdomiro, acrescentando que ele, Maurício, garantira que depois da implantação do Lean consolidado, o clima iria melhorar. – Mas isso nunca aconteceu. Nos últimos quatro anos, tivemos uma greve a cada ano durante as negociações salariais. Isso, apesar de que nossos salários estão até um pouco acima do mercado e oferecermos oportunidades de treinamento e carreira que muito poucas empresas da região oferecem.

Volto ao método do PD para acalmar os ânimos, principalmente o meu, e buscar soluções. Pergunto se há informações adicionais que alguém queira trazer. Concluímos que por ora essas informações são suficientes e recomendo cada um colocar suas sugestões sem que haja discussões. Lembro que nosso objetivo agora neste passo do PD é levantar a maior quantidade possível de alternativas para solucionar o problema e que só depois disso vamos discutir a viabilidade de cada uma. E, para dar o exemplo, dou a primeira sugestão: envolver supervisores e operadores em decisões de mudanças de processos.

Valdomiro acha que aprofundar relações com os líderes dos sindicatos é uma das saídas. Já George sugere selecionar um grupo de formadores de opinião.

– Envolver um consultor externo de relações trabalhistas –, aposto.

O gerente de RH lembra a importância de fazer um treinamento de liderança para supervisores. Completo dizendo que eles deverão ser o elo entre empresa e chão de fábrica.

Houve ainda um grande número de sugestões. No entanto, aquelas relacionadas até aqui já permitem continuar com o processo e discutir com maior profundidade quais são as que restarão como viáveis. Uma prolongada discussão foi concluída com três decisões. A primeira: investir no treinamento e desenvolvimento dos supervisores para torná-los os portadores dos interesses da organização como um todo perante os operadores. Segundo: iniciar a busca de um consultor especializado em relações trabalhistas. Terceiro: implantar um sistema de comunicação direta dos operadores com a gerência de RH.

Valdomiro está bastante animado com o tamanho e a importância da sua tarefa. Deve desenhar com George um sistema de comunicação do RH com os colaboradores e ainda planejar o treinamento e desenvolvimento dos supervisores, com Juarez. Vamos atacar todos os pontos sensíveis do processo. O consultor de relações trabalhistas estará encarregado de estabelecer uma nova qualidade de diálogo com o sindicato. Valdomiro atuará nos bastidores para coordenar as atividades e dar o apoio necessário ao consultor. Sinto que assim estamos efetivamente lidando com a raiz dos problemas de uma forma construtiva. Estamos determinando formas criativas para construir um novo ambiente laboral.

Dessa vez Juarez é convidado a entrar em cena, quase como um figurante.

– Parece-me que nesta reunião vocês trataram de dois assuntos interligados na sua essência, mas diferentes. Um é a questão do relacionamento com o Sindicato. O outro, sem dúvida, influenciando o primeiro, é a questão do clima laboral. Sem melhorar este, não há segurança de que vamos evitar a próxima greve. Assim me parece que vocês efetivamente atenderam a ambas as questões: de um lado envolvendo os supervisores e os operadores e, de outro, buscando assessoria externa para as relações com o sindicato.

Valdomiro enfatiza que estamos falando de mais ou menos cento e cinquenta supervisores. Tem dúvidas de como poderíamos planejar um treinamento para todos eles. Oportunamente George observa que gostaria de encontrar um método em que os custos não fossem excessivos. Juarez diz que não julga adequado que ele mesmo cuide desse processo.

Lembra que na área de recursos humanos há pessoas muito bem preparadas para isso. Eu que já estava preocupado com os custos, fico aliviado em saber desta disposição do Juarez. Ele acrescenta ainda que precisamos pensar num dos pontos levantados durante a discussão e ainda não abordados propriamente: a necessária busca e treinamento de formadores de opinião que podem fazer toda a diferença.

- Imagino que vocês estão pensando principalmente em operadores e supervisores que exerçam uma liderança natural na fábrica e nas diversas áreas de administração. Dirige-se a Valdomiro.

- Você acha que é difícil definir essas pessoas? Quantas seriam?

- Temos pensando nisso nos últimos meses - diz Valdomiro - e acreditamos no RH que efetivamente lograríamos descobrir um grupo de vinte a trinta pessoas que preencham essas características.

George pergunta de que forma ele imagina que esses formadores de opinião deverão atuar e Juarez, é claro, devolve a pergunta.

- O que vocês acham?

Arrisco dizer que, embora esse conceito seja novo para mim, poderia imaginar que eles teriam uma função de levar aos grupos em que eles exercem certa liderança, os objetivos e intenções da empresa, inclusive, a disposição de ouvir todos que tenham reclamações e sugestões.

George confirma explicando que já ouviu o relato de outra unidade na qual os formadores de opinião ajudavam a disseminar nos seus grupos uma imagem positiva da empresa ressaltando, inclusive, os valores de transparência e confiança. Valdomiro julga pertinente e válida essa influência dos formadores de opinião.

- Devem ser incluídos nesse plano de treinamento -, diz com surpreendente firmeza.

Segundo Juarez, os formadores de opinião costumam ter um grande impacto sobre o clima organizacional e é impressionante como, no momento certo, uma opinião positiva vinda de uma pessoa que é respeitada por todos consegue mudar a atitude negativa do grupo. Propõe-se a discutir em detalhes com Valdomiro como isso será feito, uma vez que acredita que esses multiplicadores devem contar com um programa diferente daquele imaginado para os supervisores. Ainda não sei, no entanto, como vinte ou trinta pessoas vão influenciar nossos dois mil empregados.

- A influência é pontual -, explica Juarez. - E como ela ocorre nos momentos em que um grupo expressa opiniões negativas, às vezes ela terá apenas um efeito "subconsciente" sobre a atitude daquele grupo.

E complementa no melhor estilo Juarez de ser: - Para usar um ditado bem conhecido na pedagogia social: quando, num salão escuro, alguém acende uma vela, muitas outras pessoas serão iluminadas. Por experiência em outras organizações, posso assegurar que os formadores de opinião têm um impacto sensível nas relações internas de uma empresa.

George está visivelmente satisfeito. Diz crer que agora estamos encontrando um caminho criativo para a questão do clima laboral e que é da opinião que deveremos seguir com treinamento e desenvolvimento para supervisores e formadores de opinião. Para concluir, encomenda a Valdomiro uma proposta que leve o endosso de Juarez e se oferece para discuti-la e adaptá-la em um encontro com o diretor técnico, Marlos, nosso grande calcanhar de Aquiles - penso, mas não digo. O que revelo é que já fiz o contato com um assessor especializado em relações trabalhistas, o Ulisses, e que planejo ter uma reunião com ele na próxima semana.

Cá para nós, devo confessar que fiquei muito grato com a forma como transcorreram essas reuniões nos últimos dias. Parece haver uma sintonia entre as percepções que nós temos da empresa e as do Juarez; estamos começando a nos condicionar a esse jeito de fazer. O único problema tem sido executar nossos planos sem que surjam ainda dificuldades completamente fora de propósito - daquelas que nos são presenteadas por pessoas como o Marlos que tem tanta dificuldade em aceitar qualquer movimento de mudança. Bom, devo admitir que só agora começo a vislumbrar os benefícios, mas que também tive grandes barreiras e me custou bastante vencer isso...

# A prova dos nove

Os argumentos de Marlos de que não seria possível tirar da linha de produção grupos de supervisores por um ou dois dias, para dar prosseguimento ao processo, foi discutido pelos próprios, que se dispuseram a discutir com sua equipe como isso poderia ser feito de forma a não prejudicar o trabalho. Bem que a minha secretária Sonia já havia cantado lá atrás que nos níveis mais baixos não haveria tantas resistências; parecia que eles entendiam com mais facilidade que estávamos ali para buscar melhorias que ao final iriam beneficiar a todos.

Essa nova atitude dos supervisores demonstrou bem o clima positivo que começa a permear a organização, ou seja, em lugar de encontrar obstáculos, buscar soluções que permitam que as coisas sejam atacadas a partir de um ponto de vista criativo e construtivo. O interessante é que, nesse caso, Marlos havia sido colocado numa posição quase que indefensável, o que o obrigou a desistir da briga e delegar aos gerentes a responsabilidade em "resolver o problema". Para mim ficou uma impressão muito positiva: ao menos ele fez uma retirada estratégica e quase elegante; não tentou utilizar sua autoridade para boicotar o processo. Em compensação, fiquei com a sensação de que, oportunamente, seria necessário agir de maneira a mudar a atitude de resistência deste e de outros Marlos. Ficou claro que caberia a mim mesmo realizar esse passo decisivo. Interessante que lá no início do nosso processo com Juarez, este nos mostrou que uns dez por cento dos envolvidos seriam "duros na queda". Parece que este grupo agora está se mostrando.

Sinto que no momento em que conseguir integrar o Marlos no novo clima, a área técnica, que inclui produção qualidade e logística, passará a ser um suporte fundamental para a mudança de cultura; é o mesmo princípio "cascata" dos formadores de opinião. O Nilton, que inicialmente parecia ter uma reação tão negativa a essas mudanças, está se abrindo devagar, pouco a pouco. Vou sentar com o diretor técnico em primeiro lugar e aproveitar para definir melhor o seu papel. Aliás, acho que está mais do que na hora de convocar um a um os Diretores, se eu quiser, de fato, preparar o terreno para uma mudança de cultura mais profunda como me foi confiado pelo Conselho.

Esses pensamentos foram guiando o meu caminho de retorno da sala de reunião até a minha própria sala. Assim que sentei, comecei a esboçar de que forma iria envolver a todos para praticarem com convicção a gestão participativa, a qual deverá constituir um dos pilares do nosso sucesso.

## Nos bastidores

Convoquei Valdomiro, George e Ulisses para uma reunião e contei a eles do meu plano já devidamente trabalhado com Juarez. A ideia era aproveitar os formadores de opinião, incumbidos de trabalhar o chão de fábrica, para que eles trouxessem opiniões também na via contrária, ou seja, queríamos envolvê-los com as ideias em torno do que estávamos fazendo, mas também ouvi-los no sentido de acatar sugestões para implantar uma cultura participativa. Eu contava com essa comunicação nos dois sentidos para quebrar as últimas barreiras. Nenhuma trava resistiria a essa tática não muito convencional no ambiente organizacional: movimentar os soldados da base para assegurar que a nossa inércia fosse a menor possível.

Como eu desconfiava, o trabalho foi gratificante. Envolvemos os formadores em um treinamento de dois dias, nos quais eles puderam se informar sobre os objetivos maiores da empresa, mas também sobre o plano de criar uma cultura de envolvimento e participação para todos os colaboradores. De imediato percebemos sua atitude de muita sensibilidade. Levaram conceitos dos mais variados: respeito às leis, ética, integridade, responsabilidade até a ecologia, desejo de superação e muitos outros. Valdomiro entusiasmou-se, aliás, algo que vinha ocorrendo com frequência ultimamente, abraçou a causa e pôs o grupo de vinte e quatro formadores de opinião selecionados para trabalhar. Comunicativos e populares, eles sabiam o que poderia agradar ao seu "eleitorado". E foi assim que eles inventaram inúmeras dinâmicas para movimentar cerca de duas mil pessoas no horário das pausas de lanches ou do almoço. Fizeram gincanas, diversos concursos e até mesmo pequenos esquetes, tudo com o intuito de sacudir a poeira e criar novas oportunidades de comunicação. O resultado também era previsível. O RH foi abarrotado com pedidos e sugestões dos mais variados que não se referiam apenas a questões trabalhistas de turnos, horários ou benefícios. Houve sugestões para aperfeiçoar processos, ideias quanto a reduções de custos, solicitações de atividades fora do expediente, tais como ginástica, oficinas das mais variadas, incluindo estímulo ao esporte. Era como se toda a fábrica tivesse ressuscitado depois de um boca a boca, e tivesse dado o primeiro suspiro para voltar a respirar.

## MEUS PENSAMENTOS

*Mais uma vez ficou evidente que todos podem contribuir, quando envolvidos da maneira adequada. Conhecimentos técnicos, de liderança e administrativos estão disponíveis e sua aplicação é estimulada em um ambiente de confiança e transparência.*

# 13

# Perguntar e ouvir, perguntar e ouvir

*Os chefes são líderes mais através do exemplo do que através do poder.*
**Tácito**

1. Quais são os principais problemas e dificuldades que vocês enfrentam no seu dia a dia?

2. Que alternativas vocês propõem para resolver estes problemas?

3. Como vamos atuar com essas sugestões? Como vamos acompanhar a aplicação das mesmas? Quando vamos reunir-nos novamente para avaliar o progresso?

Antes mesmo do treinamento e do desenvolvimento dos supervisores, que estava a cargo de Valdomiro, este revelou ao nosso consultor máster ter dúvidas com relação ao resultado, uma vez que a maioria dos supervisores "formou uma opinião nada positiva a respeito dos escalões superiores de liderança". Valdomiro admite que eles simplesmente ignoram toda e qualquer sugestão do RH.

- Os líderes exigem produtividade, mas em lugar de buscar nossas sugestões, afinal, nós conhecemos melhor do que ninguém a linha de produção, eles simplesmente fazem mudanças que só geram problemas e dificuldades para nós.

Conta ainda que outro problema de que se queixam os supervisores é que frequentemente líderes dos escalões superiores vão à linha de produção e dão instruções diretas aos operadores. Quando os próprios supervisores chegam à linha descobrem mudanças que invariavelmente já deixaram rastros negativos sobre a produtividade. Daí surgem as perguntas contundentes que Juarez sugere encaixar na nossa programação. A meta é diminuir o risco dos supervisores tentarem evitar a discussão dos temas que precisam ser enfrentados.

Por exemplo: Juarez sugere a Valdomiro perguntar aos supervisores o que eles gostariam de mudar na atuação dos seus chefes diretos, deixando claro que na organização todos estão cientes do clima laboral existente e que o objetivo é justamente melhorar essa ambiente.

- Enfatizaremos que eles são considerados o mais importante instrumento neste processo de mudança -, reforça Juarez, - buscando entender como é a relação de cada supervisor com o seu superior diretor, e que tipo de apoio necessitaria para otimizar sua função de supervisor técnico e líder de pessoas.

Valdomiro: - Parece que aí já estamos com o prato cheio. Mas eu estava pensando que deveríamos dedicar mais tempo a transmitir informações.

Juarez: - O importante neste processo é ouvir muito, dar aos supervisores oportunidade de expressar suas insatisfações, suas propostas de mudanças, suas queixas. E ajudá-los a encontrar uma nova forma de relacionar-se com seus subordinados e seus chefes.

Valdomiro ainda está cético, uma vez que acredita que eles se sentirão seriamente constrangidos e resistentes a novas ideias. Juarez então desenha um plano e uma agenda inicial para o dia de trabalho previsto que criem um ambiente de envolvimento e abertura.

Início – 8h00 – Apresentações dos objetivos e definição das regras de trânsito.

8h30 – Movimentos (Bastões, que facilitam a integração).

9h00 – Pergunta 1: Trabalho individual (15 min) e trabalho em grupo (45 min) com anotação no *flipchart* por cada grupo dos principais problemas.

10h00 – pausa

10h30 – Cada grupo apresenta suas conclusões que são debatidas em plenário.

Nessa parte, o coordenador do *workshop* buscará selecionar aquelas questões e problemas que aparecem repetidos nos diferentes grupos e elaborar essa relação em um *flipchart*, pedindo a concordância dos presentes para cada ponto que anota. Importante: o coordenador deve ser flexível, procurando ajudar aos participantes na formulação de suas questões. Juarez é bastante enfático quando apresenta esse quesito para Valdomiro.

11h30 – Pergunta 2 (mesclando os grupos e indo novamente ao *flipchart*).

12h15 – Apresentação das sugestões dos grupos sem discussões (perguntas de esclarecimento são bem-vindas).

12h30 – almoço

Após o retorno do almoço, que acontecerá às 13h30, Juarez recomenda que se faça uma atividade artística, o que gera certa resistência por parte de Valdomiro. O consultor pede um crédito de confiança. A atividade artística fica assim: trabalho em grupo de seis ou sete pessoas, com pintura em aquarela. - O que se busca com isso -, reforça ele, - é que se forme uma imagem coletiva, onde cada um participe com sua própria expressão.

14h00 – Avaliação do trabalho com as pinturas, percebendo como os grupos atuam desta forma também no dia a dia na empresa.

14h30 – Debate das sugestões levantadas na parte da manhã.

O coordenador terá por função ajudar os participantes a selecionarem as sugestões essenciais no novo papel do supervisor.

15h30 – pausa

16h00 – Continuação das discussões em grupos referentes a sugestões e conclusões que resultem em decisões específicas.

17h00 – Trabalho individual com anotação dos compromissos.

Nova pergunta: Quais são os compromisso que quero assumir pessoalmente para contribuir na melhora das relações laborais?

17h15 – Formação de trios e troca verbal de intenções.

17h30 – Avaliação individual do dia e dos compromissos individuais anotados em *postits*, lidos e fixados no *flipchart*.

18h00 – Encerramento

– Parece um programa interessante, bem diferente do que estamos acostumados a fazer nos nossos treinamentos. Acho, no entanto, que vai ser muito difícil cumprir esses horários como estão fixados –, diz Valdomiro.

– Provavelmente vamos ter mudanças e o coordenador poderá ir adaptando de maneira a terminar aproximadamente às 18h00. Imagino que, ao fazer esse primeiro *workshop*, vamos perceber as reações dos participantes e depois, mediante as avaliações, poderemos fazer os ajustes necessários. Valdomiro, você poderia apresentar esse plano ao Marlos e ao George, conforme solicitado por esse último.

Valdomiro apresenta formalmente o plano a Marlos e George, e eles insistem em ter informações sobre os resultados tão logo tenha sido realizado o primeiro *workshop*. Alguns dias depois, acontece o primeiro *workshop* com a presença de Juarez, Valdomiro e Rodrigues, um consultor interno de RH que também veio auxiliar, dado o grande número de participantes. Ao final de um dia bastante dinâmico e envolvente, no qual se teve que ajustar horários, mas que terminou às 17h45, pontualmente, reúnem-se os três coordenadores para as devidas avaliações. Juarez pede impressões.

– Uma surpresa total –, diz Valdomiro animado. – Parece que a mágica que você trouxe e que funcionou nos Retiros da liderança, funcionou aqui também. Nunca percebi tanto envolvimento e tanta abertura dos supervisores. O ambiente que, no início do dia, era ainda de constrangimento e ceticismo, foi se desanuviando em cada exercício. E, de repente, a atitude passou a ser aberta, colaborativa e porque não dizer até um tanto entusiasmada. Aliás, isto ficou muito claro nas avaliações que foram apresentadas pelos participantes. O que mais me impressionou são a objetividade e a disposição de concretizar as sugestões que eles mesmos apresentaram.

Rodrigues, o consultor interno de RH: – Fiquei positivamente surpreso. Estou acostumado a ver trabalhos em que os participantes demonstram estarem aí mais por obrigação do que por interesse verdadeiro. Imagino que os *flipcharts* contribuíram de forma definitiva para um envolvimento maior. Parecia que não estávamos ensinando nada a eles, mas sim que eles estavam ativos na busca dos principais problemas e de suas soluções.

Juarez: – Creio que vocês captaram o ambiente. Há pouco o que acrescentar. Tive a impressão de que o grupo saiu daqui com uma expressão de novo ânimo em seus rostos. Se vocês estão de acordo, sugiro manterem em princípio o formato desse *workshop* para os próximos, apenas ajustando detalhes à medida do necessário. Valdomiro, você acha que vale a pena continuar com esse trabalho?

– Com certeza! Agora estou convencido de que este é um caminho valioso para o envolvimento dos supervisores.

Juarez faz questão, no entanto, de ressaltar um ponto muito importante. Recorda que algumas das sugestões apresentadas vão requerer envolvimento de outras pessoas e outras áreas, em outros níveis da estrutura. Propõe então que Valdomiro procure apoiar o envolvimento daquelas que forem necessárias.

Os supervisores precisam perceber que suas sugestões estão sendo levadas a sério.

# O reforço junto à principal liderança

Nos dias que se seguem, são realizados os *workshops* quase que diariamente, com vinte e cinco a trinta participantes, em diferentes horários para atender os turnos de operação da fábrica, incluindo supervisores das áreas de apoio como logística, qualidade, manutenção, finanças e administração, etc. Nas revisões periódicas que Valdomiro e os diferentes consultores internos de RH coordenam, começam a cristalizar-se aquelas questões mais preocupantes. Entre outras: o relacionamento dos chefes diretos com os supervisores ainda são bastante autocráticas. Valdomiro procura Juarez.

- Parece que o trabalho realizado nos Retiros de liderança não gerou o resultado esperado. Os chefes continuam com a atitude de que manda quem pode, obedece quem tem juízo.

- Pelas avaliações, comentários e sugestões dos supervisores que você me enviou, tenho uma imagem semelhante, apesar de que há indicações de que em algumas oportunidades alguns líderes estão mudando. Ao invés de instruir e dar ordens, buscam perguntar e ouvir opiniões.

- Sim, mas isso ainda não é suficiente.

- Como você acha que deveríamos atuar então? - questiona Juarez...

- Proponho fazer uma reunião com os chefes e comentar com eles, sem mencionar nomes, o que os supervisores destacam como questões de relacionamento. Essa poderia ser uma reunião de meio período em que, baseados na sua técnica, Juarez, faríamos perguntas a eles para levantar como eles pensam que poderiam mudar sua imagem.

- Sem dúvida, é um caminho a se considerar. Se os informamos sobre o que está ocorrendo, eles poderão também se envolver nas soluções; ao menos saberão o que se pensa deles e quem sabe gradualmente encontrem a forma positiva de se relacionar com suas equipes.

- Eu gostaria de organizar esse trabalho e também de facilitar a reunião.

Você acha que é possível?

– Claro, acho que é por aí. E podemos conversar depois da reunião sobre o que você percebeu, Valdomiro –, diz Juarez, com uma entonação de satisfação por Valdomiro ter entrado no espírito.

– Gostaria de organizar, mas você poderia me dar algumas ideias de como tornar a reunião produtiva? Tenho medo de despertar antagonismos nos chefes, o que poria tudo a perder.

– Acho ótima essa sua preocupação. Realmente, como você já percebeu, o grande desafio é envolver as pessoas na solução e para isso elas têm que perceber o problema. Imagine-se no início dessa reunião. Estão presentes uns trintas chefes. Você está sozinho perante eles. Com que pergunta você abre o trabalho?

– Pensava em relatar a eles o que os supervisores reclamaram sobre seus chefes diretos.

Juarez faz melhor.

– Vamos imaginar que os chefes, senão todos, ao menos uma parte deles reaja de forma negativa com relação a essas informações. Corremos o risco de que o grupo se feche reclamando dos supervisores que não sabem ouvir e não sabem agir de acordo com as instruções deles chefes.

– É disso que eu tenho receio. Mas se eu não apresentar o que os supervisores disseram, que alternativa tenho? – questiona Valdomiro.

– Lembre-se de que houve alguns comentários bastante favoráveis dos supervisores sobre as mudanças positivas do estilo de liderança. Que tal iniciar a reunião comunicando isso? Talvez você pudesse destacá-las da seguinte forma: A partir dessas percepções que os supervisores mencionam, como vocês acham que podem transformar esse novo estilo de liderança no padrão da empresa?

– Já sei então o que vem depois: faço-os trabalharem em grupos e depois cada grupo apresenta suas conclusões.

- Exatamente, esse é o caminho. Talvez você possa, ainda no final, fazer mais uma pergunta: Quais seriam as vantagens de aplicar de forma sistemática esse novo estilo de liderança, para vocês, para a empresa e para as suas equipes? Esta pergunta poderia ser o fecho do trabalho, mas você poderia também considerar fazer uma última, se houver tempo, se conseguir organizar mais uma ou duas horas após o almoço: Como e a partir de quando vamos aplicar na prática o novo estilo participativo de liderança?

- Vou tentar estender essa reunião para um total de cerca de cinco horas. Você acha que é o suficiente?

- Proponho que você faça um programa um pouco mais detalhado e a partir da experiência que temos com os supervisores, avalie se o tempo é suficiente.

- Sim, é isso que vou fazer e depois da reunião vamos conversar sobre os resultados –, afirma Valdomiro, demonstrando entusiasmo.

Valdomiro propõe uma reunião de diretoria para reportar os resultados obtidos na reunião com os chefes. No início, conta ainda com a presença do Juarez, que apresenta as três perguntas trabalhadas pelos chefes. Depois de explicar as perguntas, obtém a primeira dúvida de Marlos: – Não poderia ter sido diferente –. Este diz que esperava que Valdomiro fosse direto ao ponto e informasse os chefes sobre as críticas dos supervisores. – Você não fez isso?

Valdomiro diz que muito pelo contrário.

- Procurei destacar os pontos positivos e estimular nos chefes a motivação para atuar de maneira a buscarem formas de generalizar o estilo de liderança participativo. Peço que vocês aguardem os resultados obtidos para depois discutirmos se a metodologia trouxe os resultados esperados.

Todos estão de acordo em ouvir a apresentação.

- Os chefes ficaram surpresos, já tinham ouvido falar que os supervisores tinham expressado muitas críticas. Até externaram – ao menos alguns deles

–, que essas críticas quanto ao estilo de liderança autoritária praticado eram justificadas. No momento em que eu apresentei lados positivos, em especial, com relação a algumas atitudes de liderança participativas, o ambiente tornou-se receptivo e as respostas àquelas três perguntas mostraram uma disposição por parte dos chefes em assumir cada vez mais o papel de líder facilitador. Estou preparando um relatório detalhado com os objetivos que cada um deles se propôs.

– Acho muito interessante o que você nos relata e fica aquela pergunta de sempre: Será que eles realmente vão implantar o novo estilo? – indaga George.

Digo então que temos que manter nosso otimismo e esperar que aos poucos o novo estilo passe a ser uma regra nas nossas relações com as equipes. Aproveito para perguntar ao Valdomiro quais foram os comentários dos chefes com relação aos superiores deles. Ele tem dúvidas se deve ou não mencionar isso, pois houve alguns exageros e acha que não é o caso de generalizar.

Insisto: – Parece-me muito importante o relato de como os chefes percebem seus líderes diretos. Sei que isso pode ser um tema sensível, mas é importante que tomemos conhecimento.

Juarez faz então um aparte: – Já que estamos nesse tema, eu gostaria de formular uma pergunta.

– Lá vem você com as suas perguntas... – digo com um sorriso.

– Sem considerar eventuais críticas dos chefes, como vocês sentem que lidam com suas equipes?

Nilton: – Procuro sempre motivar a equipe, mas é verdade: ainda utilizo muitas vezes decisões de cima para baixo.

Marlos: – É uma forma de liderança que estamos acostumados, decidir o que deve ser feito e informar aos subordinados.

Não posso deixar passar a oportunidade. Pergunto como é que eles me veem. Momentos de constrangimento, silêncio.

George toma a iniciativa como era de se esperar do segundo homem em comando.

- Bem, Roberto, a gente percebe que você está procurando envolver-nos mais nas decisões, especialmente quando o Juarez está presente, mas ainda tende a aplicar a sabedoria de Churchill, "espero senhores, que depois de um prazo adequado de discussões, todos concordem comigo" -. Foi uma colocação corajosa, que me atingiu, de leve, mas doeu.

Marlos: - Percebo que o George colocou suas ideias com bastante franqueza. Creio que foi uma descrição adequada.

Nilton: - Não tenho essa percepção. Roberto tem trabalhado comigo de forma bastante participativa, exceto talvez quando em uma das primeiras reuniões discutimos a questão dos distribuidores. Depois disso, todas as nossas reuniões foram participativas e, porque não dizer, até muito criativas.

Agradeço a franqueza de todos. Digo que eles teriam motivo para críticas bem mais severas, mas que para bom entendedor meia palavra basta.

- Se vocês me permitem -, lá vem Juarez, - uma reação espontânea: será que aqui na diretoria estamos realmente preenchendo uma das funções mais importantes da liderança que é ser o exemplo?

Os diretores não perdem muito tempo e concluem que a função de ser exemplo não está sendo preenchida a contento. A mim parece que também a diretoria pode aperfeiçoar seu estilo de liderança, o que, creio, responde a pergunta do Juarez com relação ao estilo que nós mesmos temos praticado.

- Gostei dessas conclusões -, informo. - Estou levando recomendações quanto à minha liderança. Agora, ainda sim, gostaria de perguntar ao Valdomiro qual foi a opinião dos chefes com relação a seus superiores diretos, os gerentes?

Valdomiro: – Houve alguns elogios com relação a uma gradual melhora no estilo de liderança, mas houve também quem lembrasse o estilo demasiadamente autocrático dos gerentes com suas equipes.

– Obrigado, Valdomiro. Parece-me muito importante que tenhamos essa conversa. A partir de agora, solicito a cada diretor que procure atuar de forma exemplar com sua equipe, assim teremos esperança de que gradualmente os gerentes percebam que estamos levando muito a sério a liderança participativa, e que ela será para valer em todos os níveis da organização. Prometo que eu vou esforçar-me mais, para ser também um exemplo.

## MEUS PENSAMENTOS

*Liderança participativa, líder facilitador ou servidor, quantas vezes tenho ouvido isto! Parece que já se tornou um daqueles remédios que cura qualquer doença. De outro lado, quando deixamos de falar neste estilo de liderança e começamos a aplicá-lo na prática, descobrimos duas coisas: É difícil de aplicar, mas os resultados são gratificantes.*

# 14

# Uma bonança quase à vista

> *Não basta conquistar sabedoria,*
> *É preciso usá-la.*
> **Cícero**

Estávamos sentindo alguns indícios de melhoras. Eu já estava bastante otimista quanto ao que iria reportar ao Conselho dentro de trinta dias: as vendas continuavam a crescer lentamente, auxiliadas pelos pedidos do mercado de reposição (distribuidores), os problemas de logística estavam sendo resolvidos aos poucos e o ar de calmaria reinante começava a deixar meus cabelos em pé, literalmente. Como dizia nosso saudoso Ulysses Guimarães, melhor mesmo é não tirar as sandálias antes de chegar ao rio. Ainda era pendente a questão das reclamações dos clientes que teimava em provocar pequenas rajadas de vento frio naquela aparente calmaria.

Numa reunião em que Juarez ficou na retaguarda, Nilton faz um grande relato das reclamações dos nossos clientes e das dificuldades que temos tido para atendê-los. Marlos, que não havia sido convocado, aparece de surpresa na última hora, e já chega com uma atitude defensiva. Diz que as reclamações são decorrentes dos pedidos que têm sido feitos diferentes dos planos originais. Sou obrigado a recorrer ao Processo Decisório; primeiro os fatos, depois as causas e só depois as soluções.

Nilton então retoma sua exposição apresentando informações numéricas sobre o crescimento gradativo de reclamações referentes a atrasos nas entregas e a problemas de qualidade. Explica que houve um pequeno aumento no volume de pedidos dos clientes tradicionais e que, adicionalmente, começam a entrar os primeiros pedidos dos distribuidores, segmento que fiz questão que ele abrisse, apesar de suas resistências.

Marlos está particularmente irrequieto. Sente-se diretamente atacado e parte para a ofensiva. Afirma que não dá para atender mudanças bruscas de pedidos, especialmente depois da redução de pessoal efetuada há alguns meses. De forma categórica, exime-se da responsabilidade pelos atrasos, - já que não fui informado em tempo do aumento de volumes -. Quanto às reclamações de qualidade, explica que estão trabalhando nelas, mas que na maior parte, parecem não proceder.

Juarez se faz presente, agradecendo a contribuição de Marlos. Sublinha que os fatos por ele trazidos são fundamentais para a formação de imagem. George informa que realmente o faturamento vem crescendo gradualmente nos últimos meses. E que tudo indica que se vá alcançar o *breakeven* novamente nos próximos sessenta, noventa dias.

Saio eu mesmo então em defesa da organização. Digo a todos que de fato as tendências levam a crer numa mudança de perspectiva, mas que é igualmente necessário investir na satisfação dos clientes.

- Creio que esse é o nosso maior desafio daqui para frente -, destaco.

A partir disso, solicito aos diretores que proponham soluções para as questões levantadas pelo Nilton, mas ressalvo que não poderei admitir menos do que soluções que viabilizem um atendimento satisfatório aos clientes e que em consequência evitem perda de faturamento. - Vocês concordam comigo?

Marlos continua irritado; não concorda com as informações do Nilton, mas informa que assim mesmo irá fazer uma reunião com os gerentes de produção e qualidade para levantar quais são os problemas.

Se necessário, irá buscar caminhos para melhorar o atendimento aos clientes. Cobro um prazo para as novas propostas. Ele promete elaborar alguma coisa mais detalhada dentro de uma semana e sugere que, para ganharmos tempo, contratemos cerca de cento e cinquenta operadores, de preferência, entre o grupo que foi demitido há alguns meses. - O fato de serem experimentados irá garantir uma rápida integração sem que haja necessidade de um longo processo de adaptação -, é o que ele acha.

Concordo mas indico que ainda ficará pendente a questão da qualidade. Ele tem uma recaída. Volta a entrar na defensiva, assegurando que todas essas reclamações de qualidade das quais o Nilton fala estão sendo examinadas ou até já foram concluídas. Vai até o fim da clássica estratégia de culpar os outros.

- Tenho a impressão de que os clientes estão exigindo mais do que está expresso nos contratos e, de outro lado, percebo que os nossos fornecedores não são tão confiáveis como pensávamos.

Mudo a estratégia: - O que aconteceria se apertássemos mais o controle de qualidade dos produtos recebidos de nossos fornecedores? Além disso, o que indicam as análises já concluídas das reclamações? - Peço então a ele que, na sua recomendação da semana seguinte, nos apresente sugestões específicas de curto prazo para satisfazer nossos clientes com relação à entrega e qualidade.

Juarez apresenta o quadro completo. Pega o gancho da solução pontual e nos dá um xeque-mate. Como a organização poderia reagir de forma mais efetiva às variações de mercado? Como evitar que um aumento repentino de demanda obrigue os clientes a se abastecer nos nossos competidores?

A dúvida e o questionamento são pra lá de pertinentes. Mas não é hora de correr o risco de perdermos o foco no presente em busca de um objetivo futuro. Proponho que nesse momento nos dediquemos a satisfazer os clientes. Marlos entende o recado. Solicita uma reunião apenas com Juarez para que ele o auxilie na árdua tarefa. Dou meu consentimento. - Duas cabeças sempre pensam melhor do que uma só -, sentencio.

# A insegurança do processo

Já era mais que tempo de Marlos se render. Sua teimosia foi até o limite em que ele percebeu que não havia mais nada a fazer do que concordar com a política que passava a vigorar na organização. Tratou de aprender o quanto antes com aquele que era o chefe dos instrutores, inclusive, eu. Se intimamente a nova filosofia não o convencia totalmente, ao menos saberia como mexer as peças, visto que agora não queria mais chamar atenção naquela posição do contra. Iria mudar definitivamente, ao menos para poder continuar fazendo parte dessa grande encenação.

Juarez percebeu que seu pedido de ajuda não era totalmente genuíno.

– Tenho a impressão que até agora você não estava convencido da metodologia que eu vinha desenvolvendo com a liderança da empresa. É verdade? E neste caso, o que fez você pedir o meu envolvimento?

– Bem, Juarez, continuo com algumas dúvidas; afinal sempre conseguimos resultados produzindo e entregando nossos produtos. Nossos problemas, em princípio, são técnicos. Entendo, no entanto, que a qualidade de liderança e a cultura da organização podem influir na produtividade. Após a reunião de hoje, e o trabalho feito com os supervisores e chefes, tive a impressão de que estamos tocando em algo que pode contribuir de alguma forma para resultados concretos.

Juarez amplia esta imagem: – Espero que estejamos falando a mesma língua. Estou convencido de que o estilo da liderança não substitui o conhecimento técnico e sua aplicação prática. Por outro lado, conforme você se lembra, Recursos e Processos são parte fundamental para as operações que geram os nossos resultados do dia a dia, enquanto que as Relações e a Identidade criam as condições para assegurar o desenvolvimento e a melhora contínua; nesses dois últimos níveis acontece o diálogo entre as pessoas, grupos, departamentos. É onde nascem a consciência estratégica, os objetivos de longo prazo e onde temos que exercitar continuamente, sem manuais técnicos, a arte da liderança e de lidarmos com o outro.

A opinião de Marlos indica um início de abertura: - Estou começando a entender essa imagem dos quatro níveis da organização e me recordo que você explicou que todos os quatro níveis estão intimamente interligados. Vamos então discutir como devo realizar a reunião em que eu gostaria que estivessem presentes os gerentes de produção, o gerente de qualidade e o gerente de logística.

- Qual é a imagem que você quer transmitir a esse grupo, Marlos?

- Não sei exatamente; o que sei é que temos que aumentar a produção e verificar se há problemas de qualidade, e ainda, descobrir de que forma lidar com eles.

- O que você acha de ampliar essa pergunta? Por exemplo; como atender as demandas dos clientes, mesmo que fora dos volumes originalmente pedidos? Parece-me uma boa pergunta. E antes disso, ainda, como você gostaria de iniciar a reunião?

- Com aqueles números que o Nilton nos trouxe hoje.

- O que eu estou perguntando é: como você poderia criar um ambiente positivo para que haja um envolvimento espontâneo dos participantes da reunião?

Marlos: - Eu poderia mencionar que temos conseguido aumentar a produção, gerando um contínuo aumento do faturamento nos últimos meses e que, de acordo com o George, estamos bem próximos do *breakeven*. Adicionalmente, posso informar ao grupo que, em princípio, está autorizada a admissão de cem a cento e cinquenta operadores, desde que essa se mostre necessária, de fato.

- Ótimo. Nesse momento você terá o acordo e o envolvimento dos participantes, não acha?

- Acredito que sim, embora esteja mais acostumado a dizer à equipe o que tem que melhorar e não o que está bom. Mas dessa vez, vou tentar começar conforme você propõe.

– E depois?

– Bom, a partir das explicações acima, posso dizer que estamos tendo um aumento de faturamento, por conseguinte, estamos tendo um aumento mensurável da produção. Isso é consequência de um aumento gradual de pedidos o que, por sua vez, tem causado alguns atrasos nas entregas. E, apesar de isso não estar totalmente confirmado, tem gerado também reclamações de qualidade acima do nível que tínhamos no passado.

– Essa é uma forma de colocar os fatos sem criar um mal estar ou reações defensivas dos participantes. Proponho que, só nesse momento então, você mostre os dados que o Nilton nos trouxe hoje –, recomenda Juarez.

– Até aí está claro, mas e depois? Como vou propor a eles soluções para essas questões?

– Agora você mesmo irá descobrir a técnica da pergunta. Devolva para eles a sua dúvida e faça-os pensarem em como reduzir os atrasos de entregas e as reclamações de qualidade.

– Mas o que se pode esperar disso? Será que os meus gerentes terão respostas para esses problemas? Afinal esses problemas são abrangentes e necessitam de decisões de Diretoria...

– Isso é claro –, diz Juarez. – Estamos de acordo que esses problemas são abrangentes, mas creio ser possível que o grupo tenha sugestões válidas que, passando pelo processo decisório, podem levar a propostas que você mesmo apresentará à diretoria.

– Mas então essas propostas serão da equipe, não minhas. Como posso assumir responsabilidades por elas?

Juarez quase não acredita no que houve. Obtém a nítida prova de que a mudança de cultura na empresa ainda não foi entendida, ao menos por algumas pessoas.

– A equipe é composta de você e das pessoas que estarão na reunião.

Portanto, desde que você esteja de acordo com as propostas, elas serão da equipe que inclui você –, ensina didaticamente.

– Ok –, diz Marlos. – Então já temos um ponto de partida que eu vou tentar aplicar. Mas Juarez, você poderia me ajudar mais uma vez antes que eu apresente as propostas ao Presidente na semana que vem? Eu gostaria de ter mais uma reunião com você para avaliação desse processo.

Duas reuniões depois é a vez de a diretoria ouvir os resultados obtidos. Abro dizendo que estamos ansiosos por saber quais foram eles. E confesso que fico surpreso; ou Marlos está fingindo muito bem, ou de alguma forma foi contagiado pelo novo clima. Dada a presença dos outros chefes de sua equipe, me convenci de que as coisas poderiam ter uma chance de mudar, ao menos, em longo prazo.

– Como já expus ao Juarez, procurei surpreender minha equipe. Não dei instruções, mas confiei a eles a responsabilidade de imaginarem como contribuir para minimizar os problemas. Pedi que cada um pensasse individualmente e anotasse suas ideias. Depois, que as apresentassem simplesmente. Conforme surgiam as alternativas de soluções, parecia crescer o envolvimento do grupo. Daí partimos para as discussões. Vou tentar mostrar aqui, com a ajuda de cada um deles, como foi o nosso trabalho em grupo.

O gerente de produção Andreas reproduz o que havia dito na reunião, quase como se Marlos houvesse orquestrado a participação de seus subordinados.

– Gostaria de colocar minhas ideias sem que isso fosse considerado uma crítica. Poderíamos aumentar significativamente a nossa produção se houvesse a solução de dois problemas: 1. Tempo de funcionamento das máquinas, ou seja, mais dedicação à manutenção preventiva e preditiva; e 2. A entrega no ritmo correto das peças nas linhas de produção. As demoras e faltas vem causando uma redução da produtividade.

Marlos: – Peço agora ao encarregado da manutenção, o Luís Antônio, que receba a informação neste momento. Não vamos ainda discutir. Em seguida, o gerente de produção Wilson, irá apresentar suas ideias.

– Eu gostaria de colocar um ponto que há tempos vem me incomodando. Temos recebido as instruções do planejamento praticamente na hora em que temos que executá-lo. Sem que haja um prazo adequado, torna-se difícil preparar as mudanças na linha de produção, conseguir a entrega das peças e alocar corretamente os operadores. Temos ainda outro problema recorrente. Com as mudanças rápidas no volume de cada pedido, às vezes somos obrigados a transferir operadores com menos ou nenhuma experiência na produção daquela peça. Isso tem gerado problemas de qualidade, nos obrigado a retrabalhos, e reduzido substancialmente a nossa produtividade –, expõe.

Fred da Qualidade intervém: – Concordo que temos hoje mais problemas de qualidade e que os clientes têm razão em boa parte de suas reclamações. Parece que o Wilson já detectou uma possível causa, mas existem outras. Por exemplo: dada a necessidade de atender com urgência pequenos volumes, somos obrigados a fazer o controle de qualidade das peças recebidas dos fornecedores em prazo exíguo. Além disso, apesar do grande estoque de peças, somos obrigados a pedir entregas urgentes a nossos provedores, daquelas específicas que não temos estoque. O que por sua vez, aumenta o risco de peças fora do padrão. Creio que as soluções seriam o controle de qualidade de todas as peças que estão no inventário e a combinação de um processo de controle de qualidade durante a produção nos fornecedores, mesmo que estejamos falando de quantidades pequenas e/ou solicitadas com urgência. Eu me disponho a trabalhar com os principais fornecedores para implantar esses processos durante e não só no final da linha.

– Interessante que o Andreas sugeriu uma melhora nos processos de manutenção –, observa Luís Antônio. Estou pensando há muito tempo que esta necessidade deve ser atendida. A equipe de manutenção vinha sendo condicionada a reagir a problemas em máquinas. Para implantar a manutenção preventiva, ainda não penso na preditiva, que poderia ser um avanço a ser desenvolvido, nos faltam recursos relativamente simples. Já estou trabalhando junto com a equipe de informática em um plano de manutenção preventiva. Com isto, esperamos já nos próximos meses mudar de uma atitude de consertar rapidamente as máquinas para uma de assegurar que as máquinas estejam sempre funcionando. Gostaria também de propor que, de imediato, contratássemos o serviço de manutenção daqueles fornecedores de máquinas que oferecem esse serviço. Já recebi ofertas e sei que eles trabalham pelo conceito de manutenção preventiva. Tenho certeza de que isto vai aumentar a disponibilidade das máquinas e vai reduzir a pressão sobre a equipe de manutenção, que poderá se dedicar com mais atenção àquelas máquinas e instalações cujo fornecedor não oferece serviços de manutenção.

Ronaldo da logística também se manifesta: – Quero dizer aos colegas que a forma como cada um trouxe as suas sugestões me inspirou. Inicialmente eu pensava que tinha pouco a fazer, mas vejo que não. Minha equipe está sobrecarregada por dispender muito tempo na procura de peças. Tenho duas sugestões nesse sentido. A primeira, dedicar os próximos fins de semana para trazer a equipe e reorganizar a localização nos estoques. Segunda, combinar com os fornecedores que retenham as próximas entregas até que sejam especificamente solicitadas por nós. Poderíamos até consultar os nossos fornecedores se eles aceitariam receber de volta – apenas para efeito de estoque –, aquelas peças que sabemos que não se movimentarão nas próximas semanas. Estas soluções poderiam liberar espaço e quem sabe até eliminar o depósito improvisado com a lona.

Marlos conclui: – Meus caros, diante de tantas sugestões criativas, eu diria, só me resta perguntar: por que a equipe não as apresentou até agora? Será que isso é consequência do meu estilo de liderança? Se for isso mesmo, devo admitir que o processo das perguntas gera envolvimento e produz resultados surpreendentes.

Agradeço a sinceridade de Marlos e a sua abertura. Parabenizo a todos pelo resultado e acrescento que o diretor levou a sério a sugestão de ser um exemplo como líder.

– Se até agora as sugestões não vinham de forma espontânea, é porque não só o seu estilo de liderança, mas a cultura de liderança da organização não criava abertura para que todos pudessem colocar suas ideias –, afirmo com um quê de orgulho.

Marlos retruca: – E aquilo que o Juarez mencionou na nossa última reunião de diretoria ficou evidente. As sugestões da equipe efetivamente passaram a ser minhas, e a minha função agora é criar as condições para "facilitar" que a equipe possa partir para a prática. É nisto que eu estou me concentrando nesse momento. Por incrível que pareça, os nossos gerentes de produção são de opinião que poderão responder a um continuado aumento de demanda sem, por enquanto, ter a necessidade de contratar mais operadores. Considerando a tendência de aumento de vendas, sugiro, portanto, que iniciemos um processo de seleção e contratação de talvez vinte a trinta operadores. Assim, poderíamos reagir com maior flexibilidade a eventuais picos de demanda.

É a vez de Nilton se pronunciar no mesmo tom do seu parceiro mais fiel:

– Realmente, Marlos, também eu fiquei surpreso com essa nova forma de liderar. Estou convencido de que esse caminho que o Juarez vem apregoando desde o início é aquele que devemos seguir. Vou reunir minha equipe e ouvir suas sugestões com relação às principais questões da área de vendas e marketing.

George: – Fico muito satisfeito em perceber que temos uma opinião comum sobre estilo de liderança. Acredito que se meus colegas e integrantes da minha equipe levarem a cabo o que prometem, poderei assegurar um novo estilo, também da minha parte.

– É bom ouvir de cada um de vocês esta disposição para mudanças e perceber o crescimento dessa consciência a começar comigo mesmo – afinal eu sou aquele que primeiro deve dar o exemplo. Mas gostaria que todos nós ouvíssemos o Juarez mais um pouco nesse sentido.

– Pelo que vocês dizem, sinto que demos um primeiro passo para uma mudança fundamental de cultura. Não é possível mudar por decreto uma disposição interna e integrá-la a de outros apenas impondo-a de cima para baixo.

O bom exemplo, no entanto, inspira e entusiasma. É preciso considerar os diferentes estágios de desenvolvimento e entender que um processo de transformação integrado visa a uma consciência comum e um comprometimento cem por cento da cúpula. Daí por que recomendo que cada um de vocês assuma um estilo de motivação permanente de seus subordinados. Ao mesmo tempo, se vocês assim procederem, estarão implantando as bases de um novo modelo de gestão participativa. Não concordam? – diz o grão mestre.

## Perto do gran finale

Reúno-me com Juarez antes da reunião com o presidente do conselho, postergada várias vezes. É a minha vez de repassar os pontos principais para não deixar nada para trás na apresentação que poderá representar um marco na minha carreira. Lembro-o de que essa reunião terá por objetivo não apenas fazer um balanço do ocorrido nos últimos meses e dos resultados principalmente, mas dos próximos passos que deverão preparar o terreno para uma nova cultura para toda a organização. Será a vez de mostrarmos que estamos preparados para uma nova era onde a integridade deve falar mais alto, onde todos se olhem sem receios, entendam o que os outros querem dizer e respondam sem qualquer espécie de subterfúgios.

Juarez propõe que façamos um exercício conjunto; que eu comece por um resumo da situação atual com o propósito de aventar os próximos passos. O que eu destacaria nesse resumo, quais seriam os principais pontos a desenvolver?

– Já vi que você voltou à técnica de perguntas. Mas vou responder com prazer. Nas últimas semanas, desde aquela reunião reveladora em que os diretores perceberam as vantagens do novo estilo de liderança, houve, ainda que de forma esporádica, uma mudança de atitude dos nossos líderes.

Poderíamos destacar que as sugestões levantadas pelo Marlos e apresentadas à diretoria estão em plena execução pela sua equipe.

Nilton e o George por sua vez seguiram procedimentos semelhantes e reuniram com suas equipes muitas sugestões úteis e diretamente aplicáveis. Depois daquela reunião entre logística, compras, qualidade e finanças, que ocorreu há alguns meses, finalmente estamos conseguindo reduzir a entrada de produtos de nossos fornecedores. E o que é mais importante, isto tudo sem gerar situações de antagonismo com eles. Também nas outras áreas, que agora vêm aplicando de maneira sistemática o conceito de Missão por área, tenho sentido um progresso quanto à integração dos processos. É verdade que ainda não temos todos os resultados que gostaríamos de ter. Ainda nos falta resolver a questão do capital de giro e uma maior flexibilidade no atendimento aos pedidos inesperados de nossos clientes. O mercado de distribuição que parece oferecer um potencial bastante atrativo vai nos obrigar, no entanto, a desenhar políticas de venda, inventários, embalagens e cobertura de mercado específicas, se quisermos continuar a ganhar posições. Há muito que fazer. Mas uma boa notícia é que estamos obtendo um aumento de produtividade e de produção, sem acrescentar custos variáveis ou fixos de importância. É lógico que isso precisa ser consolidado, mas parece indicar uma tendência. De toda forma, ao apresentar os resultados ao presidente do conselho, vou frisar que estamos operando bem próximo do *breakeven*, uma das principais missões que ele me havia confiado no início. Creio que voltaremos à lucratividade dentro do prazo que ele estipulou, com alguma possibilidade de antecipação.

Juarez: – Realmente são excelentes notícias que confirmam que a organização como um todo está no caminho correto. Tenho uma pergunta: como está o volume de vendas?

– Apesar das reações de mercado e de estarmos acrescentando ainda um pequeno volume do mercado de reposição, continuamos cerca de trinta por cento abaixo das previsões iniciais para esse ano. Tenho a impressão de que a tendência é de uma melhora gradativa, tão logo os nossos clientes tenham consumido os estoques de nossos produtos.

Juarez: – O que você acha, Roberto, que a postergação da reunião com o presidente do conselho que estava fixada para o mês passado indica?

– Eu já pensei nisso. Pode indicar que ele confia no nosso trabalho e está disposto a esperar mais um pouco até que as coisas realmente se tornem visíveis. Pode também indicar que ele não acredita que vamos conseguir os resultados prometidos e que está preferindo postergar essa notícia desagradável na esperança de que algo ocorra para torná-la menos negativa.

Juarez: – Portanto, se dentro de duas semanas quando você fizer a sua apresentação, houver boas notícias, imagino que o presidente vai ficar duplamente satisfeito. Esperou um pouco mais, mas obteve notícias favoráveis não tendo que comunicar ao conselho resultados negativos desta unidade.

– Creio que esse é um momento para reunirmos a diretoria e discutirmos os pontos essenciais que serão submetidos ao presidente.

Juarez: – Pelo que você me apresentou antes, tenho a impressão que você voltará com informações muito positivas da sua reunião com o presidente. O que você gostaria de fazer com essas informações?

– Já sei o que você vai sugerir. Uma reunião com todos os líderes (sem incluir os supervisores) para envolvê-los nesta nova situação. Estou certo?

## 🖐 *MEUS PENSAMENTOS*

*Os caminhos são encontrados à medida que o processo avança. Não existe uma técnica pré-definida. O desenvolvimento é gradual e o processo é vivo e tem que ser ajustado a cada passo.*

# 15

# Caminhos inesperados e um novo estilo de liderança

> *A maior recompensa pelo nosso trabalho*
> *Não é o que nos pagam por ele*
> *Mas aquilo em que ele nos transforma*
> **John Ruskin**

Eu tinha pedido ao Presidente que me reservasse duas horas. Quando cheguei, fui informado que tínhamos a manhã toda reservada, ou seja, cerca de quatro horas. Fiquei apreensivo, não esperava por isso, embora estivesse preparado para qualquer tipo de sabatina. Lembrei-me dos tempos de colégio, o frio na barriga era idêntico; será que a inquisição que viria pela frente também? Quando me dei conta, percebi que o meu nervosismo estava crescendo. Era parte do momento e da tensão que havia se acumulado durante tanto tempo, especialmente nessas últimas noites tão mal dormidas.

O Presidente me explicou o aumento do tempo: disse que desejava ter tido a oportunidade de discutir em detalhes não só os resultados atuais, mas também o processo que estava sendo realizado na minha unidade. Informou que havia solicitado, inclusive, a presença do Vice-Presidente de Finanças Corporativas.

Iniciei então a apresentação dos dados: - que, como vocês sabem, começam a ser levemente positivos no momento atual e também indicam tendências de progresso para o futuro -. E aí veio a minha primeira surpresa.

O Presidente aprovou as informações, mas não se mostrou entusiasmado. Os *flashbacks* continuavam e, por um instante, eu revi uma cena em que um diretor da antiga empresa que eu dirigia demonstrava grande satisfação em relatar haver alcançado um desafio que lhe havia sido colocado. Na época, eu reagi da mesma maneira que o meu presidente fazia agora: friamente. A cena não tinha vindo à tona em vão; era a prova da minha mudança interior. Eu vibrava no presente com os dados positivos que estava obtendo e podia apresentar. Ao mesmo tempo, meu sentir me permitia perceber a situação no meu interior de diversos ângulos e níveis.

Bem de acordo com o meu novo feitio, e exatamente como aprendi com Juarez, resolvi provocá-lo para ver até onde ia aquela indiferença.

– Sr. Presidente, existe algo na minha apresentação que não está atendendo às suas expectativas?

Ele foi mais honesto do que eu esperava. Disse que para os poucos meses em que o processo de desenvolvimento organizacional estava sendo aplicado, os resultados pareciam muito bons. Sua dúvida era mais no sentido de saber se eram consistentes, em longo prazo. Foi nesse instante que eu pedi permissão para descrever um pouco não só o que, mas especialmente como esses resultados vinham sendo conseguidos. Deixei de lado a apresentação e falei de nossos encontros, dos nossos *workshops*, das reuniões que o Juarez acompanhou e coordenou. Descrevi, enfim, com muitos detalhes, os nossos trabalhos que na diretoria, na liderança e na supervisão foram realizados com apoio, e às vezes, com a atuação direta do Juarez.

À medida que eu fui relatando, sua fisionomia foi mudando. De um semblante levemente carregado, ele passou a demonstrar interesse. Parecia que o meu próprio entusiasmo era contagiante e tinha sido transmitido ao Presidente e, em especial, ao VP de Finanças Corporativas. Eles começaram a fazer perguntas e a entender melhor como um processo desses pode funcionar. No fim, a reunião sóbria e objetiva deu lugar a um diálogo aberto em que nós três estávamos conversando, como se estivéssemos resgatando uma velha amizade e azeitando um *modus operandi* já conhecido de todos. Foi realmente gratificante.

O Presidente encerrou a reunião depois de quase quatro horas, dizendo que continuava com uma dúvida. Confessou que o meu relato o havia deixado bastante interessado, principalmente porque entendeu que essa era também a base de uma nova cultura organizacional onde todos deveriam estar mais inteiros em suas contribuições, de forma a poderem integrar uma nova empresa. Na realidade, era isso que o havia deixado com algumas dúvidas. De que forma o processo, da maneira como o descrevi, poderia assegurar a continuidade dos bons resultados?

Expliquei então para ele que, sem dúvidas, o que estávamos fazendo até agora era plantar as sementes e que, evidentemente, os frutos continuariam a vir, já que as árvores estavam saudáveis e em processo de crescimento vital. Ele tentou apertar um pouco o cerco, me fez perguntas de ordem mais prática, tentou conjecturar de todas as maneiras, mas, pela primeira vez, eu fiz questão de sair de minha atitude normalmente tão objetiva. Notei que minhas respostas eram expressão de minha confiança interior e procurei transmiti-la ao Presidente. Saí da reunião convicto de que não poderia ter feito diferente, mas é claro também, com a certeza de que eles só dariam os votos de confiança necessários, desde que os resultados continuassem positivos.

O que eu não havia ainda contado para os meus Diretores, que me ouviam nesse momento, era que o Conselho esperava que nós continuássemos a liderar esse processo e paulatinamente fôssemos comunicando a todas as outras unidades não apenas os resultados, mas fundamentalmente a forma como vínhamos efetuando essa nossa troca de pele. Juarez, como se estivesse adivinhando meus pensamentos, pediu-me para colocar uma pergunta.

- Antes de continuar, eu gostaria de fazer um aparte. Se vocês, Diretores, tivessem que comunicar os princípios do nosso processo, de que forma fariam e a quem comunicariam o que nós temos vivido aqui nos últimos meses?

George: - Em minha opinião, não há dúvidas de que devemos comunicar. Fica a pergunta, a quem. Quanto aos princípios do processo? Creio que podemos resumi-los da seguinte maneira: Começamos detectando os pontos a trabalhar – Identidade e Relações. Seguimos aprendendo e aplicando, ainda que não totalmente, o processo decisório. Como consequência, os resultados nos Processos e Recursos estão se fazendo visíveis.

Marlos pede a palavra: – Começamos a ter maior percepção dos aspectos emocionais e espirituais do ser humano e da organização. E, apesar da minha resistência até recentemente a todo o processo, me convenci de que a técnica da pergunta aberta também faz uma enorme diferença.

Nilton, que ouvira com toda a atenção até este momento, coloca-se com convicção: – Aprendemos a importância da confiança nas pessoas que gera abertura e criatividade na qual as ideias fluem com facilidade e os problemas, em vez de gerar conflitos, são entendidos como desafios a serem solucionados em conjunto.

Marlos complementa: – Quanto ao processo de comunicação, eu começaria pela liderança até o nível dos chefes.

Nilton: – Parece-me muito bom. Já pensamos também nos supervisores e nos colaboradores em geral?

Juarez: – Creio que esse poderia ser um momento para comunicar a todos os colaboradores que, como vocês sabem, incluem a liderança, que a organização está num desenvolvimento ascendente. Concordo que seria indicado realizar essa comunicação em diversas etapas.

Pergunto: – O que você nos propõe?

Juarez: – Achei sua pergunta excelente, bem aberta, e gostaria de responder com algumas sugestões. Podemos começar com um encontro de lideranças de um dia que seria dedicado não só a comunicar, mas principalmente a envolver todos os líderes, e penso que aqui seriam especificamente os níveis de diretoria, gerência e chefia. A comunicação aos supervisores ficará a cargo dos respectivos chefes e uma comunicação ampla a todos os colaboradores poderá ser efetuada nos quadros de avisos e, quem sabe, em banners nos refeitórios e outros locais estratégicos.

Completando essa primeira imagem, Juarez propõe que o encontro da liderança seja um dia de informação, discussão e participação nas decisões, contatos humanos sem hierarquia e de integridade, envolvimento, criatividade e *teambuilding*. Ou seja, um dia em que aconteça uma verdadeira celebração.

Pareceu-me adequado expressar minhas dúvidas: - Juarez, tenho visto sua capacidade de envolver os participantes, mas agora estamos falando de um grupo de cerca de setenta pessoas. Você me permite dizer que essa tarefa não é tão fácil e o que você coloca como objetivo parece demasiado ambicioso?

Nilton, Marlos e George rapidamente concordam comigo. Na opinião deles, seria mais seguro e mais adequado que eu fizesse apenas uma apresentação de tudo o que foi realizado e incluísse os principais tópicos da reunião com o Presidente.

Juarez: - Ocorreu-me uma ideia. O presidente e, quem sabe, seu VP financeiro poderiam estar aqui para este encontro da liderança?

- Posso consultá-los. Poderia dar um ambiente muito especial para o nosso encontro. Mas o que você tem em mente?

- Eu gostaria de elaborar o plano para este encontro, discuti-lo com vocês e pediria a você, Roberto, que nos confirmasse a presença do Presidente e a data em que isto poderá ser realizado.

Os diretores concordam e, depois de confirmada a participação do Presidente e do VP de Finanças Corporativas, Juarez nos apresenta a sua proposta. O programa é revisado e, depois dos ajustes necessários, é aprovado sem maiores discussões.

# O Encontro Culminante

Inicia-se o encontro. Os participantes foram convidados a chegar às 7h30 em um hotel não muito distante da fábrica e que oferecia um amplo salão muito bem preparado para receber todas as pessoas que participariam.

Depois do café, pontualmente às 8h00, todos se encontram no salão. Faço uma pequena explanação de abertura e apresento o Presidente e seu VP das finanças. O Presidente diz que gostaria apenas de observar e aprender algo mais sobre o processo de desenvolvimento introduzido na unidade. Aproveita a oportunidade para falar algumas palavras sobre a organização como um todo, da qual esta unidade faz parte, e das grandes expectativas com relação à transformação que servirá de exemplo para todas as outras.

Juarez então apresenta o programa do dia e explica que o primeiro passo será um rápido trabalho em grupo com a seguinte pergunta: Qual foi a última vez que eu fiz uma coisa pela primeira vez? Sugere que cada um pense por alguns minutos e em seguida nos convida a formar grupos de no máximo cinco pessoas. Essa formação deve ser espontânea com um critério: procurar pessoas com as quais você tenha pouco contato e que não pertençam à sua área. A pergunta desperta muita curiosidade, mas logo estimula uma ampla integração nos grupos. Ouve-se um murmúrio que toma conta de toda a sala e aqui e ali, algumas risadas. Ao término, Juarez pede que uma pessoa de cada grupo relate em poucas palavras como o grupo sentiu esse trabalho. Os comentários são positivos e, em alguns casos, entusiasmados. Houve até quem garantisse que não acreditava que em tão curto espaço de tempo poderíamos conhecer tanto a respeito de cada um dos integrantes do grupo.

Juarez: – Vamos agora continuar com a nossa reunião. Vamos formar grupos por área e resumir quais os principais resultados que cada área obteve nos últimos seis meses. Sugiro que cada área selecione depois os três resultados mais importantes e os coloque nessas folhas A3 que estou distribuindo.

À medida que os grupos vão terminando, Juarez pede que um representante do grupo venha à frente com sua folha, na qual resumiu os resultados, e os apresente para o plenário, fazendo uma breve exposição do que ocorreu no grupo. A folha é então fixada em um grande painel de forma que todos os resultados fiquem visíveis.

Depois da apresentação dos muitos resultados, pequenos e grandes, obtidos pelas áreas, há um comentário unânime de cada representante dos grupos.

Foi a primeira vez que tomamos consciência do quanto conseguimos realizar nos últimos meses. Se comparássemos o momento atual com os anos anteriores, poderíamos dizer que fizemos mais nos últimos seis meses do que nos três anos anteriores.

Agora é a minha vez de dizer alguma coisa:

– Eu gostaria de agradecer esta apresentação sobre os resultados de cada área. Ela confirma que estamos num caminho de desenvolvimento. Fico surpreso com a quantidade de resultados tangíveis que cada área alcançou. O que vou apresentar em seguida são os macro-resultados da organização, alguns deles concretos, outros intangíveis, porém não menos importantes. Estes macro-resultados só foram possíveis graças aos resultados contribuídos por cada área, tanto os que foram apresentados por vocês agora, quanto todos aqueles que foram realizados, mas não puderam ser apresentados aqui por falta de tempo. Quando eu estava preparando essa apresentação, deixei meus pensamentos fluírem e meus sentimentos se expressarem. Assim peço a vocês e aos nossos dois ilustres visitantes que aceitem o que vou apresentar como expressão do meu entusiasmo e meu compromisso de realizar a Visão e a Missão que definimos em conjunto. É lógico que não posso falar sobre tudo o que já foi alcançado, mas gostaria de destacar: invertemos a tendência de prejuízo e já voltamos ao *breakeven*. Inventários estão sendo reduzidos gradativamente. O capital de giro está sendo recuperado, reduzindo despesas financeiras. As reclamações dos clientes quanto às entregas e qualidade estão decrescendo. O mercado de reposição, através dos distribuidores, começa a receber nossos produtos reconhecendo nossa qualidade. Estamos aumentando o faturamento sem adicionar custos fixos e com pequena adição de custos variáveis. Isto indica aumento de produtividade e, portanto, lucros crescentes no futuro. Cortamos os tempos das reuniões, alguns pela metade, com aplicação sistemática do PD. Já não é tão comum que pessoas trabalhem além do horário normal ou nos fins de semana. E como garantia de nosso sucesso futuro: trabalhamos agora em um ambiente de respeito humano, confiança e criatividade. Encerrando essa pequena apresentação, eu gostaria de sublinhar que é evidente que tudo isso tem que ser consolidado.

Que algumas atitudes ainda não condizem com a nova cultura que estamos criando. Consolidar tudo isso é o nosso desafio. Mas o que já se fez até aqui demonstrou que esse é um caminho sem volta.

Juarez propõe um novo trabalho em grupo e surpreende com a pergunta a ser trabalhada: – Por que quero contribuir para realizar a Visão e a Missão de nossa empresa? – Percebe-se uma interrogação nos rostos de muitos participantes. Eles estão acostumados a pensar o que fazer e como fazer. É a primeira vez que alguém pergunta por que querem fazer alguma coisa. Juarez ainda sugere que se formem grupos de seis nos quais estejam representadas diversas áreas. Depois de uma pequena reflexão individual, formam-se os grupos e, pelo volume de ruído, percebe-se o nível de discussões que está ocorrendo. Quando um representante de cada grupo apresenta no plenário as respostas ao "porque", torna evidente a motivação sentida pelos integrantes: garantir o crescimento da empresa, continuar neste processo de desenvolvimento pessoal e organizacional; continuar trabalhando nesta organização e participar de seu sucesso. E muitas outras motivações surgem com a mesma essência. Finalmente, preparando-se para encerrar esse dia de trabalho, Juarez propõe que os diretores comuniquem ao plenário quais foram as decisões mais importantes e mais impactantes tomadas pela diretoria nos últimos meses. Depois de uma rápida discussão, me proponho a apresentar esses pontos em nome da diretoria: em primeiro lugar, destaco a difícil decisão que tivemos que tomar com relação à redução de pessoas. Outra decisão que consideramos de suma importância foi a de estar mantendo a matriz informada também sobre o processo de desenvolvimento que tínhamos desencadeado. Finalmente, gostaria de sublinhar como uma das decisões e de longe a mais importante, foi iniciar esse processo de desenvolvimento com o apoio do Juarez.

George acrescenta: – Gostaria de fazer algumas considerações. O trabalho do Juarez foi, em minha opinião, o grande diferencial de tudo o que vivemos. Graças a ele, foi possível atravessar a crise, ao mesmo tempo em que revíamos e construíamos uma nova identidade para a empresa. Quanto a isso, não há o que discutir. Mas devo ressaltar que o empenho do Roberto e a sua determinação foram igualmente decisivas em todo o processo.

Vejam, quando conheci o Roberto, ele jamais teria conseguido abrir-se para uma reformulação tão profunda; ficou visível para mim que ele tomou essa mudança interior como seu objetivo mais importante. O que quero dizer é que ele se viu inicialmente impelido a mudar toda a sua maneira de atuar, apostando no escuro. E isso implicou grande esforço pessoal, com sacrifícios para si próprio e para sua família. No dia a dia, eu pude presenciar em diversas ocasiões o quão sofrido foi para ele a sua transformação pessoal. Ele teve que se libertar de todas as crenças que havia desenvolvido quanto à forma de liderar, de se relacionar e de perceber a realidade, quase como se ele tivesse que jogar fora tudo no que acreditava, ou seja, tudo o que ele era ou pensava que era e tivesse que começar do zero novamente. Hoje eu entendo também o meu papel no contexto. Entendo que a minha maneira ponderada de ser serviu como o ancoradouro que ele precisou em vários momentos e me sinto útil e integrado ao processo. Agradeço ao Roberto por resignificar a imagem que tinha da função de diretor geral; aqui aprendi a sentir na pele o que é liderar, negociando sempre e com cada um de vocês, sem nunca perder a noção do todo. Se um dia eu tive pretensões de comandar à revelia do grupo, aqui fui obrigado a aprender a dividir para somar; mesmo. Sou grato por ter participado de tudo isso e, nesse sentido, agradeço também àqueles que não me aliviaram o caminho, agradeço aos que me chamaram a atenção e aos que divergiram da minha forma de ver e fazer. Só assim foi possível crescer e aprender a fazer diferente.

- Eu também gostaria de acrescentar algumas considerações -, disse o Marlos. - Para mim, o contexto era ainda mais obscuro, visto que na administração anterior e na que precedeu aquela, estávamos acostumados a fazer simplesmente. Nunca paramos para questionar nada ou avaliar qualquer coisa que fosse. Éramos tarefeiros dentro de modelos pré-esquematizados nos quais nunca nos foi permitido sequer raciocinar sobre. Para mim, o mais difícil foi reconhecer a minha resistência, não ao novo ou ao que estava por vir, mas à forma como encaminhamos o processo. Ou seja, eu nem sabia que existiam maneiras e maneiras de liderar e de pertencer a uma liderança. Acho que nunca tive a menor ideia do que era isso.

– Eu também devo confessar –, admitiu Nilton, – que não apenas duvidei de tudo isso, mas que fiz todo o esforço que pude para manter as coisas como eram. Isso me custou uma gastrite e um mau humor que não fazia a menor ideia de onde vinha. Tudo o que eu queria era continuar a levar a minha vida de outrora quando não tinha que me cobrar sobre cada passo que dava e, o que é pior, quando não tinha consciência de que uma coisa está ligada à outra e que a minha atitude tem sim, influência sobre todo o processo –, revelou com humildade.

A essas alturas, eu não tinha mais o que dizer. Para encerrar em grande estilo, lancei uma pergunta ao Presidente do Conselho e ao VP de finanças, aqui presentes – obviamente respeitando a técnica que dali para frente passaria a ser nosso carro-chefe:

– Quais foram os pontos mais importantes que vocês gostariam de destacar com relação a esse encontro de lideranças?

O Presidente: – Creio que falo em nome também do meu colega VP. Já conhecíamos os resultados tangíveis alcançados pela organização. Roberto já nos tinha apresentado o processo de desenvolvimento, numa demonstração prática, o que para nós é uma grata surpresa. Sentimos um ambiente de integração, confiança e de positividade, muito superior ao que estamos acostumados. Sinto que o processo começado levará a unidade a resultados cada vez melhores e reforçará a sua capacidade de lidar com as altas e baixas do mercado. Eu gostaria de colocar nas mãos de cada um de vocês a responsabilidade por esse processo de desenvolvimento contínuo da organização. Pelo que vivi hoje na companhia de vocês, saio motivado e com expectativas elevadas com relação a esta unidade e também a uma mudança completa no restante da nossa empresa em todas as unidades espalhadas pelo Brasil. Quero agradecer essa oportunidade que me foi oferecida e expressar minha alegria por ter estado aqui e também por ter percebido que minha presença e a do VP de finanças não interferiram na criatividade e integração desta equipe.

Na Sala Vip do Aeroporto é hora de trocar as últimas impressões: Juarez, o Presidente, o VP de Finanças e eu. O Presidente explica que propôs esse encontro final com dois objetivos: De um lado, cumprimentar Juarez e a mim não só pelos resultados obtidos, mas pela forma agradável e envolvente na qual transcorreu o dia. Mas que gostaria de nos alertar com relação ao envolvimento e excesso de entusiasmo: - Tudo isso pode se transformar em euforia e essa sim pode ser muito prejudicial a todo o processo -, disse ele. Diz isso observando que é mais do que natural que isso ocorra, principalmente se levarmos em conta o clima retraído que predominava na direção autocrática anterior.

Retribuo dizendo que estou feliz em perceber que estamos sentindo a mesma coisa em relação a esse dia de trabalho. Prefiro não mencionar que os resultados obtidos foram duplamente valiosos, pois ainda tínhamos que lidar com os estragos, já parcialmente recuperados, deixados pelo meu antecessor. Elogio a infraestrutura do nosso dia, os dois *coffeebreaks*, o almoço variado, o serviço do hotel que nos permitiram ser rápidos e ao mesmo tempo usufruir de um clima agradável. De certa forma, este dia para mim foi um divisor de águas; sentimos não só o envolvimento do grupo, mas também sua disposição de continuar nesse caminho. Estou muito motivado e sinto que se abriu para mim um novo universo repleto de novos desafios.

Juarez: - Vocês podem imaginar que os seus comentários e a sua avaliação não só deste dia, mas de todo o processo me causa uma sensação de realização. Sinto também que o Roberto deu um grande passo nesse processo e imagino que novas oportunidades e desafios fazem parte do seu destino.

Presidente: - Imagino que o Juarez vai continuar por mais tempo apoiando este processo de desenvolvimento da unidade. Com relação a você, Roberto, tive uma ideia que ainda poderá ser amadurecida por ambos. Você se veria em condições de levar a outras unidades os conceitos aqui desenvolvidos? Você teria um papel como que de um consultor interno da Corporação. Se você preferir, considere a possibilidade de incluir o Juarez nessa nova jornada.

- Isto é algo que eu não esperava, mas que muito me atrai. Creio que vou necessitar ainda algum tempo de trabalho intenso para consolidar o processo nesta unidade. Imagino que depois disto seria um grato desafio para mim.

Gostaria de pensar sobre este desafio e nos próximos dias apresentar minha resposta.

Dirigindo do aeroporto para casa onde Marlene me espera, o meu subconsciente dá sinais de vida. Não vai ser fácil contar para ela e para os meus filhos que eu pretendo mais uma vez empreender nova e drástica mudança na minha carreira, ou seja, iniciar um processo de consultoria a partir dos conceitos que o Juarez nos ensinou, fazendo uma dobradinha com ele, e eventualmente até passar a atuar como consultor independente. Por enquanto, o que importa, é que estou pronto para um final de semana intenso com a família, quando espero estar mais inteiro do que nunca.

Conversei primeiro com Marlene quando os filhos não estavam presentes. Relatei o sucesso do encontro da Liderança, a presença do Presidente e do VP, seus comentários positivos. Antes que pudesse expor a proposta do Presidente, Marlene me interrompe:

– Roberto, você passou este último tempo num profundo processo de mudança interior. Isso ficou evidente para mim e até para os nossos filhos que agora querem conversar com você sempre que há uma oportunidade! Este processo nunca estará completo e novos desafios vão exigir que ele continue. O que você pensa fazer quando concluir esta etapa de transformação na empresa e em você? Imagino que você buscará novos desafios. É isso que você queria discutir comigo? Conte comigo. Cada uma dessas mudanças têm seus aspectos positivos e alguns negativos para a família, mas ao mesmo tempo traz a oportunidade de conhecermos novas culturas e ambientes. Seremos uma família mais unida à medida que juntos enfrentarmos todos estes desafios.

– Pois é, você já percebeu o que me preocupa agora. O Presidente do Conselho me fez uma proposta, aventando a possibilidade de eu assumir, dentro de alguns meses uma posição com características de uma nova função: Algo como um Executivo Consultor para implantar em cada unidade da Corporação um processo semelhante ao que implantei nesta unidade.

O Presidente mencionou a possibilidade de que o trabalho seja realizado em conjunto com o Juarez. Mas tudo isto não está fechado e também não se falou em detalhes. Queria antes falar com você e depois envolver os meninos. Mas ainda temos tempo.

Marlene: – Sinto que você já está decidido. É uma oportunidade extraordinária para dar seus próximos passos de desenvolvimento. Você conta com meu apoio total e tenho certeza que os meninos também vão se entusiasmar.

Pois é. Um novo desafio para mim e para a família! Assim começou o nosso fim de semana. Senti que a harmonia e alegria foram perfeitas. Longe iam aqueles momentos de tensão e frustração dos meus primeiros meses nesta unidade que se refletiam no ambiente familiar. Agora começamos juntos a fazer conjeturas sobre as próximas mudanças e a brincar com nossa vida cigana. Percebi que estava em um caminho sem volta e me lembrei de um verso que tão bem explica o que sinto:

*Germinam os desejos da alma,*
*Crescem os atos da vontade,*
*Maturam os frutos da vida.*

*Eu sinto meu destino,*
*Meu destino me encontra.*
*Eu sinto minha estrela,*
*Minha estrela me encontra.*
*Eu sinto meus objetivos,*
*Meus objetivos me encontram.*

*Minha alma e o mundo são um só.*

*A vida, ela se torna mais clara ao redor de mim,*
*A vida, ela se torna mais rica em mim,*
*A vida, ela se torna mais árdua para mim.*

Rudolf Steiner

# Agradecimentos

O presente livro foi concebido a partir das minhas experiências e vivências e as de meus colegas da Adigo Consultores em muitas organizações. Não relata um caso específico, mas situações que podem ocorrer em qualquer organização.

Os conceitos apresentados foram elaborados a partir de diversas fontes que merecem toda a minha gratidão:

Bernard Lievegoed, fundador do NPI - Nederlands Pedagogisch Instituut, dedicado desde 1955 ao Desenvolvimento de Organizações, Daniel Burkhard, fundador da Adigo Consultores, Friedrich Glasl, considerado uma das maiores autoridades em solução de conflitos e meus colegas da Adigo e da Association for Social Development a qual reúne consultores dos mais diversos países que atuam no desenvolvimento de organizações a partir da Antroposofia.

Quero expressar minha gratidão a Inês Martins, jornalista, pela criatividade, paciência e boa vontade com que me apoiou durante todo o processo de criação deste livro.

# Índice dos Gráficos

Como as pessoas reagem em um processo de mudanças ........................ 45

Resistências a Mudanças ................................................................. 48

Pontes entre Ser Humano e Organização ............................................... 50

Exercício com Bastões ..................................................................... 52

Processo Decisório .......................................................................... 55

As Fases de Desenvolvimento do Ser Humano ........................................ 58

Desenvolvimento dos Grupos ............................................................. 87

Pensar, Sentir e Querer .................................................................... 108

Escalação de Conflito ...................................................................... 111

Caminho da Análise e da Decisão ....................................................... 113

Temperamentos .............................................................................. 116

As 7 Atitudes Anímicas ..................................................................... 118

# Bibliografia

Moggi, Jair e Burkhard, Daniel. ***O Espírito Transformador*** , Antroposófica, São Paulo, 2005

Kohn, Alfie. ***Punidos pelas Recompensas***, Editora Atlas, São Paulo, 1998

Jaworski, Joseph. ***Sincronicidade***, Editora Best Seller, Rio de Janeiro, 2003

Glasl, Friedrich. ***Auto-ajuda em Conflitos***, Antroposófica, São Paulo, 2002

Marquardt, Michael. ***Leading with Questions***, Jossey Bass, San Francisco, USA 2005

Senge, Peter et al. ***Presença***, Editora Cultrix, São Paulo 2007

Scharmer, C. Otto. ***Teoria U***, Sol - Society for Organizacional Learning, Cambrigge, MA, USA 2010

este livro foi composto na tipologia Bembo Std, 12p
títulos em Rockwell Condensed 30pt
impresso em polen 70g